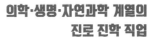

의학·생명·자연과학 계열의
진로 진학 직업

포 스 트 코 로 나 시 대 를 대 비 한

의학·생명·자연과학 계열의
진로 진학 직업

김두용·정유희·안혜숙·정동완 지음

서울문화사

의학·생명·자연과학 계열로 진로를 고민하는 모든 학생들에게

나름 오랜 시간 학교 현장에서 진로 진학에 몸담은 저자로서 가장 안타까운 것은 대입 결과가 곧 실력이라는 오해다. 아니, 오해 정도가 아니라 일부 학부모나 교사는 대입 결과가 실력이라는 믿음이 대단하다.

빠르게 변하는 시대와 4차 산업혁명의 진입 시점에서 학교 교육과정은 학생 역량 중심의 '진로'에 초점을 맞추었다. 이제 진로는 초등학교부터 중학교를 거쳐 고등학교에 이르기까지 준비되고 성장해야 하는 이유다. 그것이 진학으로 이어지고 학생은 그동안 계획한 진로에 맞춰 대학에 입학해야 한다. 대학 입학이 어디 끝이랴. 삶을 위한 직업의 세계까지 연결되어야 한다. 그게 바로 진로다. 이제는 학교 교사부터 학부모까지 어떻게 진로를 짤지 고민해야 한다. 학생과 자녀의 미래가 진로에 달려 있기 때문이다.

진로는 청소년이 사회구성원으로서 잘 살기를 바라는 마음에서 시작되어야 한다. 그 속에서 아이 스스로 진로를 고민하고, 친구를 도우며 소통하고, 부모님과 소통하고, 학교의 교사와 소통해야 한다. 그 과정에서 작은 성공 경험이 생겨나야 한다. 작지만 개인의 성취를 이룬 성공 경험이 있을 때, 더 큰 성공이 가능하다. 그리고 그 성공의 경험을 통해 학생은 소통에 대한 신뢰를 바탕으로 더 큰 사회와 소통하는 사회구성원이 되어갈 것이다.

소통은 구체적으로 무엇일까?

첫째, 고입과 대입의 과정 속에서 진로 설정을 위해 고민하는 자신과의 소통을 말한다.

둘째, 수업 시간에 또래 친구, 교사와 지덕체의 영역에서 이루어지는 폭이 넓고 깊은 소통 경험을 말한다.

셋째, 수업 시간 이후의 개인적 호기심과 관심으로 이어지는 독서 활동과 창의적 체험으로 깊이 있는 자기 자신과의 소통을 말한다.

넷째, 자신과의 소통을 넘어 모임의 구성원과 의견을 나누거나 과제를 탐구하는 학술 동아리, 봉사 동아리, 진로 동아리에서의 소통을 말한다.

다섯째, 세계 석학의 연구보고서와 소논문을 통해 지면으로 만나는 소통을 말한다.

여섯째, 진심으로 자신의 가치를 알고, 그릇된 도도함이 아닌 이 세상에서 받은 것과 빚짐을 깨달아 삶을 더욱 감사하게 만드는 정기적 봉사활동을 통한 소통을 말한다.

일곱째, 온 마을이 한 아이를 키운다는 신념을 지닌 어른들과 만날 진로 활동을 통해 이루어지는 소통을 말한다.

정리하고 보니 소통과 진로는 서로 같은 듯 연결된다. 소통이라는 낱말을 진로로 바꾸어도 어색함이 없겠다. 이런 소통을 통해 학생이, 아이가 삶의 주인이 된 마음과 자신감으로 무장된 기업가 정신을 품고 세상과 내 주변을 더 좋게 만든다면, 그게 세상에서 멋지게 살아낼 역량과 비전이 심어질 수 있는 진짜 진로가 되는 것이다.

그 멍석을 깔아주는 교육의 흐름에 동참해서 교사와 학부모, 학생이 함께 행동(행복한 동행)하다 보면 결국 노력은 현실이 될 것이다. 이제 대학만 가면 된다는 시대는 끝났다. 다음 세대에게 대학이 보험이 되는 시대는 더 이상 오지 않는다. 어렵사리 원하는 대학에 입학해도 학과 공부보다 더 큰 일들이 많아 힘들어한다. 공부하느라 놓친 사춘기의 고민과 방황을 그제야 한다. 자신이 진정 원하는 것에 대한 갈망을 이제야 느끼며, 대학 입학까지의 노력이 큰 의미가 없다며 자퇴하기도 한다.

진로는 이제 '계열별'로 접근해야 한다. 여기선 '계열'을 총 4가지로 나누었는데 인문사회학적 적성, 의생명학적 적성, 공학소프트웨어적 적성, 음악예술체육적 적성이 그것이다. 진로를 위해 가장 먼저 해야 할 일은 내 아이가, 우리 학생이 어떤 계열 적성을 가졌는지를 살피는 일이다.

이 책은 4가지 역량 중 2020년을 강타한 코로나19 바이러스로 인해 더 유망해진 '의생명학적 적성' 즉 '의학·생명·자연과학 계열'을 집중적으로 다룬다. 4차 산업혁명과 지구 환경의 변화, 생명 연장에 대한 인류의 갈망, 질병 퇴치, 공중보건 등의 중요 이슈와 긴밀한 관계가 있는 계열이다.

의학·생명·자연과학 계열로 진로를 고민하는 학생들에게 초등학교부터 고등학교까지 무엇을 준비해야 하며, 어떤 활동을 하면 좋은지 구체적인 정보를 담으려고 노력했다. 또 대학 진학 이후 취업과 평생직장을 잇는 촉매제의 역할과 중매제 같은 원활함을 제공하며, 산파처럼 새로운 생명 탄생을 이끌 멋진 신화를 창조할 주역들에게 정말 도움이 되는 책이 되길 꿈꾼다.

2020년 봄,
코로나19 바이러스로 인해
아직 개학도 못한 학교를 지키는 저자들로부터

(차례)

5부 의학·생명·자연과학 계열 인포 - 완벽한 입시 준비

1부

의학·생명·자연과학 계열의
어제와 오늘

1

미래의 먹거리는
곤충에서?

교내 영어방송을 준비하던 어느 날, 영자신문을 보다가 기사 하나가 눈에 띄었다. 내용이 하도 신기해서 이 내용을 방송 주제로 다루었더니 방송이 끝나자마자 아이들이 몰려와서 묻느라 정신이 하나도 없었다.

"선생님, 정말이에요?"

"더러워서 어떻게 먹어요?"

"선생님은 먹어보셨어요?"

호기롭게 제품이 나오면 제일 먼저 먹어보고 그 맛을 알려주겠다는 아이도 있었다. 신문의 내용은 새로운 슈퍼푸드의 등장에 관한 기사였는데, 그게 바로 바퀴벌레로 만든 우유에 관한 내용이었다. 폴리네시아섬에 사는 '태평양 딱정벌레 바퀴벌레'는 필수아미노산, 지방, 당분, 단백질을 포함한 우유를 생산할 수 있는데 이게 일반 우유보다 영양분이 3배나 더 풍부하다고 한다. 물론 이 바퀴벌레는 우리가 흔히 알고 있는 더러운(?) 바퀴벌레와는 다른 종이다. 바퀴벌레 한 마리에서 채취 가능한 우유의 양도 매우 적을뿐더러 우유 채취 후 그 바퀴벌레는 죽기 때문에 효율적이지도 않다. 사실 우유가 나온다고 해도 진짜 사람이 먹을 수 있을 정도로 안전한 것인지에 대한 연구 결과도 아직 나오지 않았다. 하지만 미래의 먹거리를 고민하는 연구자와 식량난 해결을 위한 대안 찾기에 골몰하는 사람들에게 희망을 주는 뉴스다.

전 세계적으로 육류를 대신할 만한 곤충 음식이 주목받고 있는 시대다. 사람에게 단백질을 제공할 육류를 생산하기 위해 우리의 환경이 얼마나 오염되고 있는지 그 현실은 난감하다. 햄버거 패티 하나를 만들기 위해 발생하는 탄소배출량을 알려주는 동영상이 한참 교육용으로 돌기도 했었다.

미래의 식량을 대신할 식품으로 제시되는 곤충에 관한 연구도 활발하다고 한다. 곤충 음식은 환경을 보호하고 곤충을 기르는 비용을 절감하면서도 육류와 비슷한 에너지의 공급원이 되어줄 수도 있다. 하지만 아직 곤충이 사람에게 음식으로 받아들여지기엔 매우 혐오스러운 식품이라는 분위기인데, 바퀴벌레 우유라니 정말 먹을 수나 있을까 물음을 던

졌던 일이다. 마침 영화 '설국열차'를 봤던 터라 영화에서처럼 바퀴벌레 묵(양갱)을 먹는 모습을 떠올리게 만들었던 에피소드다.

앞서 언급한 것처럼 축산업은 환경 문제를 일으킨다. 소고기 1kg을 생산하는 데 물이 15,000리터 필요하다. 현재 가축을 기르는 데 사용하는 땅의 면적은 아프리카 대륙 전체의 크기와 맞먹는다. 이러한 문제를 해결하기 위해 바퀴벌레 우유 이외에도 다양한 시도가 이루어지고 있고, 성공적인 결과를 얻고 있다. 그중 '햄버거'에 관한 사례를 예로 들 수 있다.

채식주의자 중심으로 인기를 끌던 '비욘드 버거BEYOND BURGER'와 '임파서블 버거IMPOSSIBLE BURGER'가 미국 전역에서 인기리에 판매되고 있다. 이 햄버거의 공통점은 무엇일까? 바로 고기를 전혀 사용하지 않은 햄버거라는 점이다. 햄버거 모양은 일반 고기가 들어간 햄버거와 구분이 되지 않을 정도로 똑같다. 최근 우리나라에서도 비욘드 버거를 출시했다. 아직은 많은 사람들에게 주목을 받고 있지는 않지만 소비자 반응이 조금씩 오는 것을 보면 향후 비욘드 버거의 전망은 나쁘지 않다.

이 햄버거의 패티는 무엇으로 만들었을까?

식품화학 기술을 활용하여 100퍼센트 식물성 원료로 만들어졌다. 최근 코로나19 사태를 계기로 '고기 부족'에 대한 인식으로 이런 대체식품에 대한 관심도가 더욱 늘어나고 있는 추세다. 우리가 주목해야 할 점이 바로 이것이다. 과거에는 식품 재료나 음식으로 생각조차 못했던 곤충이 새로운 먹거리로 떠오르고, 정말 고기와 똑같은 맛과 질감 그리고 향기를 내는 대체식품이 만들어지고 있다는 점이다. 일반 버거와 비욘드 버거나 임파서블 버거를 놓고 고기 패티가 들어간 버거와 대체육이 들어간 버거를 구분해보라고 하면 누구도 쉽게 구분하지 못할 것이다.

이렇듯 미래는 우리가 전혀 생각하지 못한 방향으로 나아가고 있다. 새로운 미래, 우리는 무엇을 알아야 하고, 우리는 어디로 가야 할까?

2

공중보건의 중요성을 깨달은
빌 게이츠

평소 TED(미국의 비영리 재단에서 운영하는 강연회)를 자주 보는데, 특히 많은 사람들에게 유명한 강의로 알려진 내용은 꼭 보는 편이다. 그중 조회수가 높은 빌 게이츠의 강의 내용이 참 놀랍다. 강의에서 그는, 앞으로의 시대는 생명공학의 시대라고 단언한다. 게이츠는 이제 세계는 생물학적인 연구에 주목해야 하며 그것이 앞으로 수익 창출이 가능한 중요한 산업으로 떠오를 것이라 말한다. 그래서 게이츠 본인도 앞으로는 이 분야에 집중하겠다고 말하는 장면이 인상적이었다.

사실 컴퓨터 천재와 생명공학 분야는 서로 공통분모가 없어 보인다. 컴퓨터 분야에서 괄목한 만한 업적을 냈고, 이 분야의 행보에 모두가 기대하며 주시하는데 게이츠는 하필 왜 생명공학에 빠졌을까? 오히려 그에겐 4차 산업혁명, AI(인공지능), 빅데이터…… 등 이런 말이 더 어울리는 조합인 것 같은데 말이다. 세계 2위의 갑부이며 컴퓨터 산업을 이끈 그가 주목한 생명공학, 과연 이것이 새로운 길일까?

게이츠는 '2018년 바이오 헬스 컨퍼런스' 기조연설에서 '창의적인 생각을 통해 지속 가능한 수익 창출이 가능하다'는 말과 더불어 '함께 세상을 바꿀 수 있다'라는 메시지를 통해 공중보건 즉, 저개발 국가에서의 질병과 면역에 관심을 두고 있음을 공공연히 드러냈다. 이후 그는 빌 & 멜린다 게이츠 재단을 통해 전 세계 보건 산업에 120억 달러(한화 약 14조 4,600억 원)를 투자하면서 HIV, 말라리아, 결핵 퇴치를 재단의 목표로 삼으며 저개발 국가의 유아 사망률을 줄이기 위해 노력하고 있다. 또 알츠하이머 치료제를 연구하는 스타트업 벤처기업에 대규모의 금액을 투자하기도 한다.

그가 하는 일 중 눈에 띄는 점은 기존 치료법과 관련된 연구를 넘어 새로운 영역의 신약 개발에 우수한 성적을 낸 회사와도 함께 일한다는 점이다. 컴퓨터 분야에서 세계 최첨단을 걷던 그가 이제는 생명공학 분야에서도 선구자가 되고 싶은 포부를 드러내는 대목이기도 하다.

2020년의 시작부터 세계를 혼란에 빠뜨린 코로나19 바이러스 사태는 게이츠의 한발 앞선 행보에 주목하게 한다. 의학·생명·자연과학 계열

전공자의 이야기를 들어보면, 생명공학자 사이에서 코로나19 바이러스가 발견된 것은 이미 수년 전이라고 한다. 국내 어느 대학의 교수는 '코로나19 바이스러스만 연구해도 먹고살 만할 거다'라고까지 이야기했다는 후문이다. 그러나 이 바이러스 치료제를 만드는 일이 투자 금액만큼 수익이 나지 않을 것이라는 판단 아래 많은 제약회사들이 연구를 외면했다는 이야기도 뒤따른다. 유언비어일 수도 있지만, 무시할 수 없는 이유는 지금까지 제약회사의 신약 개발 우선순위는 부유한 나라에서 잘 팔릴 만한 약 위주였다는 사실 때문이다. 그래서 아직도 저개발 국가에서 만연한 심각한 질병의 치료제 개발이 답보 상태인 것이다.

어쨌거나 빌 게이츠가 주목한 공중보건의 중요성은 이제 부강한 나라와 가난한 나라를 막론하고 인류의 생존에 대한 위험을 드러낸 코로나19 바이러스로 더 강조된다. 학자들 사이에서 '매년 겨울 바이러스가 나올 것이다', '5년을 주기로 심각한 유행병이 전 세계에 돌 것이다'라는 예측이 나오고 있어 앞으로 공중보건은 더 중요해질 수밖에 없다. 이러한 상황에서 질병 예방을 위한 공중보건만큼 질병을 정확하게 검사해 확진하고 치료할 방향을 주는 진단의학도 중요해지는 시점이다. 이러한 모든 연결고리가 이어지는 것이 바로 바이오 산업이다.

코로나19 바이러스 사태 이전에 바이오 산업에 뛰어든 사업가가 어디 그 혼자뿐이랴. 기이한 행동을 일삼아 괴짜 사업가로 불리는 테슬라 대표, 일론 머스크도 사람의 뇌와 컴퓨터를 연결하는 기업에 투자했으며 글로벌 IT 기업들도 바이오, 헬스케어, 미래의 먹거리에 사업의 중점을 두는 상황이다. 구글, 페이스북 등 우리가 이름만 들어도 알 만한 기업들이 이미 이 사업에 뛰어들었다. 국내 기업은 카카오가 AI 정밀 의료 서비스 개발에 참여하고 있으며 네이버는 의료 빅데이터를 활용한 플랫폼 사업을 위해 자회사를 세운다고 한다.

사실 바이오 산업에서 우리의 경쟁력은 아직 그다지 높지 않은 것으로 평가된다. 정부는 AI 관련 13개 분야에 2022년까지 9조 이상을 투자하기로 했고, 특히 맞춤형 헬스케어와 혁신 신약 분야에 투자 금액의 절반을 배분했다. 하지만 아직은 바이오 의약품 복제약인 바이오 시밀러 부분에서만 성과가 있을 뿐이다. 바이오 산업 경쟁력 순위에서 한국은 계속 하락세를 보이며 2016년 미국 과학전문지 〈사이언티픽 아메리칸〉의 선정 결과 24위를 기록했다. 이것만 봐도 우리나라는 의학·생명·자연과학 계열의 생명공학 분야에서 갈 길이 먼 상태라는 것을 알 수 있다.

코로나19 바이러스 사태로 인해 우리나라에 대한 인식을 확 바꾼 일은 정말 신기하고 또 신기하다. 든든한 국내 의료 체계를 바탕으로 한 원스톱 확진 검사 시스템과 격리치료, 바이러스 거점 병원 지정을 통한 최신식 음압 시설과 개인당 천만 원에 이르는 모든 치료비용을 국가가 부담하는 것 등 모든 진행 과정에 전 세계가 깜짝 놀랐다. 바이오 산업의 후진국인 한국이 세계의 그 어떤 나라보다 확실하고 깔끔하게 대처할 줄 예상치 못했던 것이다. 게다가 바이러스 진단키트의 정확성은 또 하나의 이슈로 등장해, 한국산 진단키트는 현재 세계에서 주문이 쇄도한다. 세계가 우리나라의 코로나19 바이러스에 대하는 자세를 벤치

마킹하려 한다. 아마도 이 세상에 없던 또 하나의 바이오 산업의 시작이 아닐까 생각한다.

국내 바이오 연구가 꾸준히 늘고 있는 상황이고 정부도 빅데이터와 AI를 활용한 맞춤형 헬스케어 연구 개발에 2조 이상을 투입해 암 진단과 치료 방법에 지원한다는 방침을 피력했다는 현재 시점에서 미래의 전망은 나쁘지 않다. 얼마 전 의료 빅데이터를 병원끼리 서로 공유할 수 있게 규제를 완화한 것은 바로 이러한 맥락을 기본에 둔 좋은 신호다. 우리에게는 새로운 물꼬가 트이면 과감히 밀고 나가는 저력이 있으니 앞으로 AI 시대에 한국이 세계에 내놓을 신박한 일은 또 무엇일까? 과감히 이 의학·생명·자연과학 계열로 나서는 것도 나쁘지 않으리라.

3

마이크로바이옴의
발견과 이용

한국 화장품을 써본 외국인들은 두 가지에 놀란다. 하나는 '품질'이고, 다른 하나는 좋은 품질에 비해 상대적으로 저렴한 '가격'이다. 다시 말하면, 한국 화장품은 원하는 대로 예쁘게 잘 표현되고, 사용 방법과 휴대가 간편하며, 기능적인 면에서 품질도 좋고 심지어 저렴하기까지 하다는 것이다.

필자와 같이 근무했던 여성 원어민 교사들은 한국에 와서 한국 화장품을 써보고는 금세 반해서 친구, 가족들에게 추천해주고 물건을 잔뜩

사서 고국에 선물로 보냈다. 일을 마치고 고국으로 돌아갈 때는 화장품을 엄청나게 사들고 갔다.

이쯤 되면 '의학·생명·자연과학 계열에 웬 화장품? 이건 공학 계열 아니야?' 라고 생각하는 독자가 있을 것이다. '마이크로바이옴'이라는 말을 들어봤는가? 화장품이 공학 계열이라고 생각했다면 그건 큰 오산이다. 이제 화장품 산업은 생명공학과 복잡하게 연결되어 있기 때문이다.

얼마 전 한 화장품 회사에서 '그린티 프로 바이오틱스 크림' 샘플을 증정하는 행사를 했었다. 약 한 달 동안 3만 명에게 샘플을 주려고 기획한 행사였는데 이벤트 시작 반나절 만에 품절되는 사태가 일어났다. 그만큼 사람들의 관심이 매우 높았다는 방증이다. 대체 프로 바이오틱스가 뭐길래 그 난리가 났었을까? 최근 뷰티 제품 포함, 여러 곳에서 '프로 바이오틱스'라는 말을 들어본 적이 있을 것이다. 프로 바이오틱스는 마이크로바이옴을 이용한 예이다. 세계 보건기구에 따르면, 프로바이오틱스란 충분한 양을 투여할 때 숙주의 건강에 유익한, 살아 있는 미생물을 말한다. 이런 미생물들의 유전 정보 전체를 마이크로바이옴이라 한다. 마이크로바이옴은 미생물microbe과 생태계biome를 합친 용어다.

인체 내 각종 미생물은 모든 기관과 호흡기, 피부에 분포하면서 인체의 면역과 대사 작용, 환경 변화에 따른 유전자 변형에 영향을 준다. 마이크로바이옴 연구는 인체에 유익한 균과 유해한 균이 생성되는 원리와 질병 간의 관계를 분석하고 치료 방법을 모색하는 중요한 분야라고 한다.

마이크로바이옴이 인체의 다양한 생명 현상과 질병에 큰 영향을 미친다는 사실이 밝혀지면서 최근 연구가 활발히 진행되고 있다. 화장품 회사들도 이 분야에 적극 관심을 가지면서 새로운 제품 개발에 총력을 기울이고 있는데, 특히 피부노화 방지 관련 제품이다. 마이크로바이옴을 이용한 피부노화 방지 제품은 다음 세대의 스킨케어 제품 쪽으로 개발될 것 같다. 국내 화장품 회사뿐만 아니라 외국의 유명 화장품 회사도 이미 오래 전부터 이 분야를 연구 중이라 한다.

눈치 빠른 독자들이 이미 파악했듯이 마이크로바이옴이 화장품 분야에만 한정되지 않는다. 마이크로바이옴은 농작물과 소, 돼지 등에 영향을 미치는 토양 미생물을 비롯해 감염병, 정신 질환, 비만에 영향을 미치는 미생물, 우주인에게 영향을 미치는 미생물 등 매우 넓은 분야에 적용된다. 이외에 신약 개발을 위한 장내 미생물을 활용한 연구도 있다.

이렇듯 마이크로바이옴은 농축산, 생물에너지, 환경, 의학 등 다양한 분야에 걸쳐 연구 및 실현이 가능하고 이미 연구 성과가 나오고 있는 분야도 있다.

마이크로바이옴. 이것이 생명공학 연구의 주된 분야다. 생명공학은 인체를 포함한 동물, 식물, 미생물 등의 세포 내 생명체 활동의 현상과 원리를 밝혀서 이를 인간에게 유익하게 만든다. 의학·생명·자연과학 계열로의 진로를 고민한다면 도전해도 좋을 것이다.

4

4천억 메뚜기 떼의 습격과
공유경제

엄청난 메뚜기 떼가 파키스탄에서 중국으로 넘어갈까 봐 중국서 벌벌 떤다는 이야기를 들은 적이 있는가? 성경에서나 보았던 황충 사건이 재현되고 있다. 황충이란 풀무치같이 떼 지어 다니는 메뚜기를 한자어로 표현한 말이다. 상상을 초월하는 기세로 닥치는 대로 먹어 치우는 사막 메뚜기가 심각한 문제다. 주로 아프리카, 중동, 남아시아에서 서식하는데, 식욕이 왕성해서 이것들이 지나간 자리엔 아무것도 남지 않는다.

약 4천억 마리의 사막메뚜기가 아프리카의 동부 케냐에서 발생해 인도로 옮겨갔다가 파키스탄을 거쳐 중국을 위협한다. 사막메뚜기는 탁월한 이동력으로 다른 대륙까지 넘나드는데, 4천억 마리까지 개체 수가 늘어도 이를 그냥 방치하면 500배 이상으로 불어난다니 경악스럽다. 2014년에 우리나라도 고유종인 풀무치가 수십억 마리 발생해 전남 해남이 쑥대밭이 된 일이 있었다. 역사책에서도 황충 피해가 기록된 사례를 찾을 수 있다고 하니 더 놀랍다.

문제는 사막메뚜기가 중국을 타고 우리나라까지 오거나 우리나라 안에서 발생할 가능성은 언제나 있다는 것이다. 사막메뚜기는 건기 때 알 상태로 몇 년씩 땅속에 있다가 비가 오면 부화되어 땅 밖으로 나오게 된다고 한다. 최근 기후변화로 아프리카 지역에 우기와 건기의 주기가 불규칙해지면서 미처 부화되지 않은 알이 땅속에 쌓여 있다가 이례적인 폭우가 쏟아지자 갑자기 3세대에 걸친 부화가 일어난 것이다. 이들은 식량이 절대적으로 부족한 아프리카에 심각한 영향을 끼친다.

우리나라에 메뚜기 떼에 대비한 대응 매뉴얼이 아직 없는 것으로 확인되는데 이는 비단 메뚜기 떼의 문제만이 아니다. 다른 해충의 문제도 시시때때로 일어난다. 얼마 전 과수농가에서 이례적인 파리 떼가 나타나 극성을 피웠다는 뉴스를 접하기도 했다. 기술이 발전한 4차 산업혁명 시대를 사는 우리지만 메뚜기 떼를 퇴치할 마땅한 방법이 없다는 사실에 당황스럽다. 여전히 지구의 환경변화가 일으키는 문제에 대한 대비책이 필요한 지금이다.

다른 이야기로 넘어가볼까?

메뚜기가 대륙을 넘나드는 이야기와 결이 무척 다르지만(넘나든다는 공통점은 있긴 하다), 다음 이야기에서 다룰 AI가 현실화되려면 공유경제에 대한 이해가 필요하다. 공유경제라는 말은 '에어비앤비'나 '우버택시', '배민커넥트' 등을 떠올리면 가장 이해가 쉬울 것이다. 이전의 아나바다 운동같이 자신에게 남는 물건을 공유했던 형태, 즉 단순히 물건이나 건물에 한정되었던 공유는 공유경제 플랫폼이 생겨나면서 발생한 수요층으로 인해 수익이 창출되는 상품으로 전환되었다. 새로운 상품이 만들어지고 플랫폼을 이용한 수익을 위해 개인과 기업으로 공유경제의 개념이 확대된 것이다. 이때 플랫폼은 중간에서 수요와 공급을 연결하는 역할을 해줄 뿐 서비스를 제공하는 주체는 각자가 가진 소유물을 이용하는 개인이다.

개인이나 기업이 남는 재화를 가지고 공유해서 수익을 창출하는 공유경제가 왜 AI와 관련되는 것일까? 인공지능이 원활하게 잘 이용되기 위한 핵심이 바로 데이터이기 때문이다.

여행을 가기 위해 우버택시를 이용한다고 가정하자. 출발에 맞춰서 내가 원하는 날짜와 시간과 장소에 필요한 우버택시를 부르기 위해 나의 데이터를 전송하는 것은 간단하다. 하지만 이후 우버택시가 오기까지는 앞처럼 그리 간단한 과정이 아니다. 수요자가 원하는 지역과 날짜와 시간, 그 시간에 남는 차량, 가능한 인력, 서비스를 제공하고 돌아오는 시간 등을 모두 계산한 데이터를 검색해 가장 적합한 공급자에게 연락이 가게 될 것이다.

인공지능 자율주행차일 경우라면 어떨까? 더 정교하고 빠른 데이터를 필요로 할 것이다. 자칫 조금의 착오라도 생기면 여행에 차질을 빚거나, 최악의 경우 교통사고로 이어질 수도 있을 것이다. 인공지능과 온·오프라인 연계 서비스, 공유경제 서비스는 데이터가 많을수록 더 정교해진다. 공유경제가 활성화되기 위해서 많은 양의 데이터와 이를 빠르게 계산하고 전송시켜줄 초고속 전송 환경이 필수적 요소이다. 그리고 그 기반에서 인공지능이 제대로 가동될 수 있는 것이다.

얼마 전 삼성전자에서 모든 반도체에 AI를 넣어 사용자의 이용 습성에 따른 개별 서비스를 제공할 전자제품을 만들겠다고 발표하였다. 어떤 의미일까? 고도로 축적된 데이터를 활용하는 인공지능이 사용자의 습성을 파악한 후 자율판단력이 생기게 되는 것이다. 즉, AI반도체가 실린 인공지능 컴퓨터는 사용자가 작업하는 동안 집중하는 것을 방해하지 않기 위해 불필요한 연락이나 신호를 일시적으로 차단할 수 있을 것이다. 또는 냉장고가 주인이 자주 사는 식품을 파악해 보관에 최적화된 환경을 만들 수도 있다.

이처럼 공유경제로 서로의 재화가 넘나들고, 그 결과로 쌓인 데이터로 인해 세밀한 맞춤형 정보를 제공할 인공지능은 점점 우리에게 다가오고 있다.

5

4차 산업혁명,
인공지능 그리고 의학·생명·자연과학 계열

4차 산업혁명은 세계적으로 경제가 침체되고 있는 위기를 이길 방법과 새로운 발전의 대안으로 급격하게 떠오르고 있다. 또한, 디지털 케어 및 바이오 공학이 인간의 건강 수준을 한 차원 더 높일 수 있는 블루오션 산업으로 여겨진다. 특히 인공지능이 적용되는 의료·바이오 분야의 미래는 어떤 변화와 발전을 가져올지 상상할 수도 없다.

우리의 생각은 변해야 한다. 인공지능 기술이 의료 분야에 적용되면 '무엇이 좋아질 것인가'를 생각할 게 아니라 '이 기술을 어떻게 쓸 것인가? 어떻게 하면 의료기술을 향상시키고 의료 서비스를 개선하여 우리의 삶의 질을 높일 수 있을까?'를 고민해야 할 시점이라고 생각한다.

인공지능은 단순히 '사람의 지능을 흉내 내는 컴퓨터시스템'이라는 생각에서 시작되었을 것이다. 하지만 이미 인공지능은 단순히 사람의 모양을 한 로봇이라는 개념을 벗어났다. 지금의 인공지능은 산업, 교육, 의료, 교통 등 우리 생활의 모든 분야에 폭넓게 적용될 전망이다. 의료 분야에서도 AI닥터 왓슨이나 비만 치료에 적용되는 GIS(마이크로소프트사의 Geographic Information System을 말함) 등이 적용되는 추세다.

과연 의료 분야와 인공지능을 융합하면 어떤 결과가 나올까?

현대의 의학기술은 그동안 발전에 발전을 거듭하면서 난제였던 각종 전염병을 극복하고 생명 연장의 꿈을 이루었다. 이제 인류는 단순하게 질병 치료를 통한 생명의 연장보다 현재의 기술로 극복하기 어려운 뇌·심혈관계 질환, 암을 예방해 더 건강하게 오래 살 수 있는 수준의 생명 연장을 요구한다. 세계가 이미 초고령화 사회로 진입하고 있고, 노년층의 증가와 더불어 저출산 시대에 들어가면서 개인의 삶의 질 향상을 위한 의료서비스와 질병 예방을 염원하는 것이다.

사람마다 살아가는 환경과 태어날 때부터 가지는 유전적인 요소들이 모두 다르기 때문에 모든 사람 개개인의 질병을 예견하고 예방하며 맞춤형 치료법을 빨리 찾아서 치료하기는 더 어려운 문제다. 그래서 의료계의 빅데이터가 매우 중요하고 향후 의료계 발전에 필수불가결한 요소로 작용할 것이라 생각한다. 이런 맥락에서 인공지능이 의료·바이오 산업에서 의료 서비스의 질적인 향상과 새로운 연구를 위한 기간 단축에 도움을 줄 것이다.

바이오 산업에서 무수한 데이터 결과를 통해 대체약물이 개발된다면 질병 예방에 큰 활약을 할 것임에 틀림이 없다. 왜냐하면 인공지능을 통해 많은 양의 데이터를 빠르게 처리할 수 있고 그것은 더 정확하고 신속한 과정이 더해지면서 그만큼의 비용과 시간을 단축시키는 결과를 가져올 것이 자명하기 때문이다. 신약을 개발하고 나면 그게 끝이 아니라 이후 임상실험에 막대한 실험 비용과 시간이 필요하다고 한다. 이 임상실험에 인공지능을 투입해 개발된 신약의 안전성과 효과를 예측한다면 상대적으로 적은 비용으로 개발되는 시간도 단축하는 효율적인 일이 될 수 있을 것이다.

의료 분야에 병의 진단과 예측에 인공지능이 이용된다면, 개별 환자의 각각 다른 증상에 따른 병의 진단에 여러 데이터를 이용하므로, 신속함을 줄 수 있다. 아직은 데이터 결과를 사용할 수 있을 만큼 인공지능이 가진 데이터의 양이 완벽하지는 않다. 하지만 곧 다양하게 축적된 데이터가 어느 정도의 신뢰성을 줄 수 있을 만큼 준비될 것이다. 현재로서는 있는 데이터를 합리적으로 이용해 그 병을 진단하고 예측하는 과정을 조금이라도 단축할 수 있도록 활용하는 것이 가장 효율적인 방법일 것이다.

하지만 우리가 꼭 잊지 말아야 할 것은 의료 분야는 생명을 다루는 기술이므로 데이터만으로 모든 것을 좌우할 수는 없다는 사실이다. 기계적으로나 기술적으로 가장 좋은 방법과 치료법을 찾는 합리적인 면도 중요하나, 생명에 대한 윤리의식을 가진 사람의 개입이 필요하다는 이야기다. 이런 이유로 의학 계열로 진로를 정한 학생들은 사람을 대하는 대인기술이나 생명윤리 의식을 가지고 있어야 한다. 즉 따뜻한 심장을 가진 노련한 의사의 판단이 빅데이터와 융합되어 최종 진단과 예방에 대한 결론을 내리는 것이 가장 이상적인 형태의 인공지능 사용법일 것이고, 새로운 시대에 의료·바이오 분야에서의 공존법이 아닐까 생각한다.

의학·생명·자연과학 계열은 수학·물리·천문·지구, 화학·생명과학·환경, 농림·수산, 생활과학, 의료예과, 약학, 간호, 보건, 기타 분야 등 9개의 중 계열로 분류되며 계열별 진출 직업도 다양하다.

분류별 학과 | 참고·교육부, 전공학과 분류

중분류	계열별 진출 학과
수학·물리·천문·지구	금융수학과, 데이터계산과학전공, 수학빅데이터학부, 정보보안암호수학과, 금융통계학과, 보험수리학과, 컴퓨터데이터정보학과, 나노전자물리학과, 전자바이오물리학과, 정보디스플레이학과, 우주과학과, 우주탐사학과, 지구시스템학과, 해양심층수학과, 해양융합과학과, 가속기과학과, 반도체물리학부
화학·생명과학·환경	나노바이오의과학과, 나노의약생명과학과, 뇌인지과학과, 바이오메디컬학과, 바이오시스템학부, 화장품생명공학부, 바이오환경에너지학과, 바이오발효융합학과, 화학생명분자과학부, 화장품소재공학과

농림·수산	농산물안전성학전공, 한약자원전공, 도시농업과학전공, 생물산업학부, 생약자원개발학과, 스마트원예학과, 식물의학과, 제지공학과, 동물산업학과, 애완동물전공, 바이오동물보호과, 바이오소재공학과, 해양경찰전공, 줄기세포재생공학과, 수산가공학전공, 식품공학과, 해양바이오신소재공학과, 농수산가공학과
생활과학	건강기능신소재학과, 바이오식품공학과, 호텔조리학과, 융합디자인학부, 소비자주거학과, 실내건축학과, 뷰티산업학과, 주얼리디자인과, 차문화심리테라피과
의료예과	의예과, 치의예과, 한의예과, 수의예과
약학	바이오제약산업학부, 약과학과, 약학과, 한방재료가공학과, 한약자원학과, 한약학과
간호	간호과, 간호시뮬레이션전공, 국방의료과, 응급간호전공, 감염관리간호전공, 노인간호전공, 임상전문간호학과, 정신간호전공, 종양간호전공, 호스피스간호전공
보건	구강보건전공, 응급구조학과, 자연치유학과, 대체의학과, 건강재활학과, 스포츠재활치료전공, 동물매개재활과, 아동심리치료학과, 언어재활치료학과, 청각학전공, 카이로프랙틱전공, 방사선과, 안경광학과, 치기공학과, 치위생학과, 건강뷰티향장학과, 바이오스킨케어과, 헤어큐티전공
기타 분야	가정교육학과, 과학교육과, 물리교육학과, 화학교육학과, 생물교육학과, 지구과학교육학과, 수학교육학과, 환경교육학과, 간호교육학과, 영양교육전공, 발명영재교육전공, 과학커뮤니케이션교육전공, 기초과학부, 자연교양학부

2부

의학·생명·자연과학 계열의 모든 것

1

의학·보건 계열의 열풍

본격적으로 AI의사가 도입된다면
사회는 어떻게 변화할까?

-

정보를 저장하고 기억하는 일은 인간보다 빅데이터 기술을 이용한 인
공지능이 훨씬 더 뛰어나다. 앞으로 "인공지능이 의사의 80퍼센트를 대
체할 수 있다"라는 말까지 나온다. 인간에겐 분명히 한계가 있기 때문이
다. 특히 디지털헬스 산업 발전의 영향으로 개별 환자의 증상과 이상 징

후에 대한 데이터가 끊임없이 생성·축적되는데, 이 데이터의 양은 의사한 사람이 수용할 수 있는 범위를 넘어선다.

코슬라 벤처스 대표 비노드 코슬라의 주장처럼 정말 80퍼센트의 의사가 과학기술로 대체될 수 있을까?《청진기가 사라진다》의 저자 에릭 토폴은 AI기술을 통한 변화의 필요성에는 동의하나 80퍼센트의 의사가 과학기술로 없어지는 일은 없을 것이라고 주장한다. 물론 AI의사가 주는 이로움과 편리함은 분명히 있다.

한 통계에 따르면 의사의 오진으로 목숨을 잃는 사람이 미국에서만 한 해에 4만 500명이 넘는다고 한다. 이 수치는 유방암 사망률과 비슷하다. 이런 상황에 AI기술이 도입된다면 의사의 잘못된 진단으로 인한 사망률은 줄어들 것이다.

AI의사의 활약은 어떤가?

AI의사 왓슨을 도입한 지 1년이 된 가천대학교 길병원 '인공지능 암센터'의 사례를 보자. 이 병원에서 암 환자를 진료하고 환자의 상태 등 정보를 입력하면 왓슨이 전 세계의 문헌과 최신 연구 자료가 담긴 빅데이터를 단 7초 만에 분석해준다. 닥터 왓슨은 환자에게 맞는 최신 치료법과 기대 생존율을 계산하고 치료법을 적용할 시기까지 제시해준다. 이런 최근의 자료들을 보며 의사들은 깜짝 놀랐다. 가장 놀라운 것은 주치의의 치료 계획과 왓슨이 제시한 방법이 90퍼센트 이상 일치했다고 한다.

환자들은 AI의사 왓슨을 어떻게 받아들일까?

길병원 측은 "환자 대다수가 왓슨의 조언을 '최종 진단'으로 받아들이는 경향이 있다"라고 귀띔한다. 기존의 진료 결과를 신뢰하지 못하고 병원을 전전하던 환자라도 왓슨의 의견이 주치의의 의견과 같다는 점을 확인한 후에는 의사가 제시하는 치료에 적극적으로 응한다는 뜻이다. AI의사 왓슨을 이용한 환자의 만족도는 10점 만점에 9.5점이라는 결과가 나오기도 했다고 한다.

여기에 우리가 주목해야 할 다른 점이 있다. 의사는 환자의 치료와 진단에 환자의 운동 능력, 경제력, 건강보험 적용 여부 등을 고려해 AI의사 왓슨이 고민하지 않는 변수까지 생각해 결정한다. 즉, AI의사 왓슨이 환자의 증상에 따른 질병의 진단을 위해 전 세계의 최신 자료와 연구 결과를 이용한 결과 값을 제시하면 의사는 그 모든 것을 종합적으로 고려해 최종 결정을 내릴 수 있고, 보다 합리적인 방법을 찾을 수 있다는 것이다.

또 다른 점은 AI의사 왓슨은 미국인의 의료 정보를 수집한 데이터를 기반으로 움직이는 인공지능이라는 것이다. 기본적으로 한국인의 식습관이나 생활방식은 미국과는 다르다. AI의사 왓슨이 아무리 뛰어나다고 해도 우리나라의 상황을 딥러닝Deep Learning해서 한국 사람의 특징에 맞게 예후를 진단하고 치료법을 제시한다고 장담할 수 없을 것이다. 말 그대로 왓슨은 미국인의 데이터를 딥러닝한 상태이기 때문에 우리나라에 완전히 적용시키려면 우리만의 독자적인 데이터를 수집해서 이를 인공지능에 딥러닝시켜야 할 것이다.

AI의사가 도입된다고 해도 앞의 이야기처럼 80퍼센트의 인간 의사가

AI의사로 대체되어 없어질 확률은 당장으로선 매우 적어 보인다. 그러므로 현재의 의학·보건 계열의 열풍은 계속될 것이다.

오래지 않아 기본적인 진료를 하는 임상의사의 숫자는 줄어들 수밖에 없는 환경인 것은 분명하다. 의사가 되기를 희망한다면 이제는 일반적인 병을 진단하고 치료하는 임상의사보다는 좀 더 전문적인 병을 진단하고 치료하는 임상의사나 병이나 생명의 기적에 대해 연구하는 기초의학자가 되어야 하지 않을까?

기초의학자의 미래가
궁금하다!
-

의사는 기초의학자와 임상의학자로 나누어진다. 한 해 의과대학의 졸업생이 3,300명 정도라면 그중 약 30명이 기초의학자의 길을 걷는다고 한다. 이토록 기초의학자가 되길 희망하는 졸업생이 많지 않은 이유는 국내 기초의학자를 위한 연구 환경이 좋지 않기 때문이기도 하지만 근본인 이유는 기초의학자의 수입이 임상의학자의 3분의 1 수준이라는 것이다. 이 때문에 기초의학자 기피 현상이 나타나고, 이것은 학문 연구뿐만 아니라 후학을 가르칠 교육 인력의 구인난으로도 이어진다. 법의학, 기생충학, 미생물학 등 다른 기초의학 분야의 교수진을 확보하기 어려운 탓에 의과대학에 생명과학 분야의 전공자가 늘어나는 것도 같은 이유 때문이다.

기초의학자는 환자를 직접 만나는 것보다 환자의 증상이나 질병을 대상으로 연구하는 경우가 많다. 그렇다 보니 사실 의학자라기보다 '과학자'에 더 가깝다. 기초의학자의 길을 걷는 사람은 전문의 과정을 마친 이후 전문 연구요원으로 군 복무를 하면서 심도 있는 연구를 한다.

기초의학의 매력은 누군가가 이미 가보았던 길에서의 성과나 임상 실험 결과를 토대로 치료를 하는 것이 아니라는 데에 있다. 남들이 아직 가보지 않은 미개척 분야에서 새로운 연구를 하고 그 결과를 토대로 논문을 쓴다. 그것이 세계적인 학술지에 실릴 수도 있고, 관련 연구 성과로 특허나 기술 이전을 받아 새로운 부가가치를 창출할 수도 있다.

최근에는 기초의학자가 직접 창업도 한다. 관련 산업에서 새로운 고용의 패러다임을 만들고 의료 기술의 발전뿐만 아니라 나라의 위상을 높이는 일도 하고 있다. 우리나라도 이런 기초의학자를 양성할 수 있는 전문 실험 연구나 창업 프로그램을 더 많이 도입해야 한다.

새로운 첨단의료 기술은 기초의학의 토대에서 발전하기 때문에 기초의학자를 양성하면 자연스럽게 바이오 창업 회사가 늘어난다. 이들은 생명과학 분야에서 연구하며 성공적인 업적을 내고 있기 때문에, 이 분야에서 일하는 사람들은 대부분 앞으로 생명과학자의 수요가 크게 늘 것으로 전망한다.

생명과학은 21세기의 새로운 키워드다. 새로운 세대를 이끌어갈 기술로 생명공학 기술도 포함된다. 인구 고령화에 따라 건강하게 오래 살고 싶은 관심을 반영한 유전자 관련 산업에서 이어지는 벤처기업의 창업이 늘고 있다. 급격한 바이오 산업의 성장으로 이 분야의 첨단과학 지식을 갖춘 전문 인력의 수요도 앞으로 계속 증가할 것으로 예측된다.

실제로 의대 교수들은 메디톡스, 메디포스트, 마크로젠, 휴스파인, 뉴라클사이언스, PROLAGEN, 쿨랩, 바이오데이터센터, 정진호이펙트, 히스토스템, 제네피아, BnH Research, 큐라티스, 나인비, 웰트 등과 같은 많은 회사를 창업하였다. 이렇게나 많은 벤처기업이 일자리 창출에 기여하고 있으며, 투자자에게도 커다란 이익을 주어 경제 발전에도 긍정적인 영향을 주고 있다.

의대 교수들이 창업한 회사의 사업 내용

회사명	사업 내용
메디톡스	보톡스
메디포스트	제대혈·줄기세포 연구 개발
마크로젠	유전자 분석, 질병 위험 진단 기술 개발
뉴라클사이언스	알츠하이머 치료제, 흉터 제거 물질 개발
PROLAGEN	면역 치료제 개발
쿨랩	수면 장애 진단 및 행동 인지 치료 기술, 웨어러블 디바이스 기술 개발
바이오데이터센터	의료 데이터 플랫폼 구축, 웨어러블 디바이스 개발
정진호이펙트	피부 노화 방지 화장품 개발
히스토스템	조혈모 은행, 조혈모 세포 배양 기술 개발

제네피아	단백질과 DNA 진단, 추출 시약 제조
BnH Research	결핵 백신 및 아주번트 아이템 개발
큐라티스	면역증강제 및 결핵 백신, 면역 백신 개발
나인비	산수유 추출물로 여성 갱년기 비만 개선 건강 기능성 식품 개발
웰트	스마트 벨트로 허리둘레, 앉아 있는 시간, 걸음 수, 과식 여부 확인

현재 생명과학은 의학 분야에 집중되어 있다. 관련 의약품은 항생제, 백신, 항암제, 인슐린, 빈혈치료제, 혈액 및 면역제와 각종 진단시약이다. 이런 의약품 외에 생물공학을 이용한 기능성 식품, 미생물 폐수 처리제나 폐수 처리시스템 등의 환경 제품이 있다. 또, 바이오 화장품 같은 생물화학 제품, 생물농업 제품도 있다. 이 밖에도 생물 공정 및 엔지니어링 제품으로도 확대가 가능한데, 생물 반응기나 생물 분리정제기기 등이 그것이다. 의료·바이오 분야를 위한 연구 개발과 투자 확대를 통한 관련 제품의 생산이 증가될수록 자연스럽게 생명과학자의 수요도 늘어나게 된다.

앞에서와 같은 기초적, 학문적 분야뿐만 아니라 의학, 약학, 농학, 임학, 수산학 등 생명과학은 접목이 가능한 다양한 분야로 확대될 것이고, 생명공학자는 그 수요에 비해 공급이 확실히 부족한 실태다. 특히 최근 유전공학과 첨단 분야의 생명공학 기술이 국가 산업으로 지정된 것에 주목하자. 유전자 산업 관련 벤처기업이 속속 생겨나고 있는데 이는 기존 의약 부분뿐만 아니라 농업, 환경 등 관련 응용 분야에서도 급성장이 예상되기 때문이다.

한의학에 관심이 몰리는
이유는?

-

우리나라만의 특화된 의료 서비스는 의학과 한의학, 이 두 가지라는 것을 모르는 사람이 없다. 이전에는 두 의학 사이에 불신이 팽배하는 대립 관계였으나, 1992년 약사 분쟁 당시 한의학도 양학과 동등한 대우를 해 달라는 요구가 국가에 받아들여지면서 의학과 동등한 지위를 부여받았다. 의사와 한의사 모두 6년의 대학 교육과정 이수 후 각기 면허를 부여 받으며 전국의 각 보건소에 한방 진료 부서가 존재한다. 한의학에 대한 우리나라 사람들의 사회적인 인기가 있었기에 가능한 일이었다.

이렇게 한의학이 영향력을 발휘하고 제도화의 수준도 갖춰지면서 한 의사들은 전통적 철학과 이론에서 벗어나 과학적인 증명을 목표로 삼고 발전하고 있다. 한의학의 가장 큰 장점은 환자 개인의 체질에 따른 맞춤 치료가 가능하다는 것이다. 현대 한의학은 광범위한 데이터를 근거로 부작용을 최소화하면서 과학적으로 그 성과를 인정받으려 노력하는 중이다.

그러는 동안 한의학에 대한 부정적인 인식도 많이 바뀌었다. 과거에는 단순히 보약을 처방받아 부족한 원기를 보충하던 것에서 벗어나 잘못된 생활습관에서 오는 병을 예방하는 방법으로 다시 인기를 끌고 있다. 한의학에서도 살 빼는 약, 목이나 허리 디스크, 불임, 알레르기 질환, 면역 질환, 피부 질환, 호흡기 질환, 암 등 대상을 특화해 치료하고 있다.

산업화가 가속되면서 환경오염으로 인해 곡류, 채소, 생선, 어패류, 과일 등에 미세 플라스틱과 독성 화학물질이 잔류하고 있다. 그런데 사람이 이를 섭취하면서 다양한 질환이 유발된다. 한의학은 체질에 따른 개별 맞춤형 처방으로 항암력을 키우고, 잘못된 식습관을 바꿔 원인부터 다스리는 치료를 한다. 이를 통해 몸 안의 균형을 바로잡아 생기를 북돋아주고, 어혈을 제거함으로써 면역력을 강화해주는 예방의학으로서의 역할을 하고 있다.

이러한 한의학의 변모와 시대의 변화에 따라 한의학에 관심이 집중되고, 과학적으로도 발전하고 있다. 이전에는 의학과 한의학이 급격히 대립하면서 충돌하는 모양새였다면, 요즘에는 의학 내부에서도 한의학의 과학화와 발전이라는 명분 아래 한의학과 의학을 통합해야 한다는 주장이 나오기도 한다. 물론 의학이 강자적인 입장에서 한의학을 흡수하려는 의견이 주류이긴 하지만 말이다. 반면 한의학에서는 서로 다른 분야이므로 병행이나 협진을 해야 한다고 말한다. 이런 양상은 어느 쪽이더 좋고, 어느 쪽이 더 나쁘다는 판단보다는 본질적으로 양자 간의 공통인 면모가 더 부각되기 때문에 나타나는 반작용이라는 생각이다. 즉 한의학에 관심이 많아졌다는 이야기다.

이미 외국은 침술과 한약에 대한 과학적 분석을 시작해, 미국식품의약국^{FDA}에서 침의 안전성과 효과를 인정하기도 했다(1996년). 국내의 한의사들은 화학자나 생물학자 같은 기초과학 전공자와의 공동 연구를 통해 한의학의 과학적 효과를 검증하고, 그것을 세계적으로 입증하는 단계를 밟고 있다.

경희대학교에서는 수십 명의 석박사급 기초과학자들이 일하는 중이다. 이들은 매년 30~40편의 SCI$^{Science\ Citation\ Index}$ 논문을 발표하고 있다. 또한, 국내에서 발간되는 한의학 논문집의 논문 대부분이 분석 과학적 방법으로 한의학의 효능을 입증하려 한다. 이런 연구는 한의대, 한방의료 기관, 한방의료 벤처기업 간 상호협력과 지원 네트워크 방식으로 진행되고 있다.

예전부터 사용하고 있던 한약재의 성분을 분석해 그것이 인체에 미치는 영향 등을 연구하고 보고하는 자료들이 점점 많아지면서 한의학의 과학적 부분이 입증되고 있다. 신약을 연구하는 회사들은 한약의 성분을 추출해 새로운 치료제를 만드는 등 많은 연구를 거듭하고 있다. 한의학은 의학과는 다르게 약학이 분리되어 있지 않으므로 다양한 진로를 설계할 수 있다는 장점도 있다. 따라서 한의학도 최근에는 기초의학자, 바이오 산업과 비슷한 네트워크로 움직이는 모습이 보인다. 그래서 한의학이 주목을 받는다.

치대 인기가 시들하다는데
정말일까?

–

2030년 치과의사가 3,000명 정도 과잉 공급될 것이라는 전망에 따라 한국보건의료사회연구원의 '보건 의료 인력 중·장기 수급 전망(2015~2030)'을 바탕으로 각 치대가 입학 정원을 5퍼센트 이내로 줄여나가기로 합의했다. 치과의사가 넘쳐나면서 과다 경쟁과 과잉 진료 문제가 발생할 수 있기 때문이다. 또 치과위생사는 2015년 기준 6,000명 정도 과잉 공급된 상태며, 2030년이면 무려 5만 명 정도가 과잉 공급될 것으로 내다보고 있다.

'클리닉푸어'라는 말을 들어본 적이 있는가?

이 말은 병원을 개업한 의사가 취직으로 월급을 받는 의사보다 소득이 적을 때 사용하는 말이다. 우리 주변을 한번 둘러보자. 블록마다 치과가 자리 잡고 있다. 물론 병원도 치과만큼 많다. 하지만 병원은 서로 다른 전공(내과, 외과, 이비인후과 등)으로 개원하기 때문에 그리 많지 않아 보인다. 치과에도 세부전공이 있지만 사람들이 다 같은 치과로 인식하기 때문에 더욱 많게 느껴지는 것이다. 더욱이 인구가 줄면서 환자의 수는 감소하는데 병원의 수는 늘고 있으니 이런 말이 도는 것도 무리는 아니다.

치과는 10개의 세부전공으로 분류할 수 있다. 그중에서 구강악안면외과, 소아치과, 치과교정과, 치과보철과 등은 인기 있는 분야라서 전공한다면 충분히 전망이 좋다고 말할 수 있다.

요즘 연예인뿐만 아니라 일반인에게도 열풍인 수술 중 하나가 바로 양악수술이다. 한때 연예인들이 양악수술을 통해 외모가 눈에 띄게 예뻐지자, '양악수술=V라인 예뻐지는 수술'로까지 인식되며 일반인들에게도 많이 보급되었다. 물론 양악수술을 하면 예뻐지는 것이 사실이다. 하지만 미적인 부분은 양악수술 치료 목적 중 하나일 뿐이며 일반적으로는 교정 치료의 범위를 넘어선 부정교합의 치료가 목적이다. 즉 씹는 기능이 힘들거나, 수면무호흡 치료 등의 기능적인 치료를 위한 수술이다. 이러한 수술을 담당하는 전공이 바로 구강악안면외과다.

아이들의 치아를 치료하는 소아치과 전공도 최근 인기를 끌고 있다. 아이들은 영구치가 나기 전에 유치가 있다. 유치는 영구치보다 굴곡이 더 많고 급격한 경사를 가지고 있어 충치가 잘 생긴다. 아이들이 치과를 무서워한다는 이유로 충치를 치료하지 않으면 영구치의 부정교합이 원인이 되어 긴 시간 교정을 해야 하는 문제가 발생하기도 한다.

이가 가지런하고 예쁜 사람을 일컬어 '건치 미인, 건치 미남'이라고 부른다. 특히 웃을 때 이가 잘 드러나는데, 가지런하고 건강한 이를 가진 사람이 더욱 매력적으로 보인다. 이러한 이유로 치아를 교정하는 사례가 늘어나고 있다. 치아교정은 물리적인 힘으로 치아 배열을 조정하는 것을 말한다. 부분교정의 경우 6개월 정도 걸리지만, 일반적으로는 약 2년 정도의 교정 치료 기간이 소요된다고 한다. 이처럼 교정에는 많은 시간과 노력이 들뿐만 아니라 비용도 만만찮다. 그렇기에 인기를 끄는 전공이 바로 치과교정과다.

치과보철과도 있다. 우리나라는 현재 급속도로 고령화되고 있다. 의학의 발달로 평균 수명이 연장되면서 점점 노인 인구가 많아지고 있다. 노인 인구가 증가하니 당연히 보철 및 임플란트 분야의 수요가 늘어날 수밖에 없다. 최근에는 임플란트까지 건강보험 혜택을 받게 되면서 이 분야에서 향후 10년간 치과의사 고용이 증가하리라고 전망한 통계가 나왔다(2019 한국고용정보원 자료 참고).

전체적으로 치과의사 수가 늘고 있으니 치대의 인기가 시들해지고 있다고 생각할 수도 있다. 하지만 치과 중에서도 전체적인 수요가 증가하는 전공도 있으므로 치대에 관심이 있는 학생은 자신의 적성을 잘 고려해 세부전공을 잘 결정한다면 충분히 희망적이라고 할 수 있다.

'2017년 주요 보건 의료 인력 중·장기 수급 전망' 연구 주요 통계

참고·복지부 의료 인력 수급 관리 대책 통계 자료

• 보건 의료 인력 활동 현황

인력 구분	면허 등록 인력(A)	가용 인력*(B)	활동 인력**(C)	(C/B)
의사	125,103	114,126	101,450	88.9
치과의사	30,915	28,294	25,315	89.5
한의사	25,412	22,057	19,959	90.5
간호사	359,196	336,268	237,744	70.7
약사	70,858	57,136	41,785	73.1

* **가용 인력** = 면허 등록자 – (사망자 + 해외 이주자 + 은퇴자)
** **활동 인력** = 보건 분야 + 비보건 의료계 분야(2017년 한국보건의료사회연구원)

인력 구분	2020년	2025년	2030년
의사	-1,837	-4,339	-7,646
치과의사	1,566	2,367	3,030
한의사	1,084	1,364	1,391
간호사	-110,065	-126,371	-158,554
약사	-7,139	-8,950	-10,742

* ARIMA 모형, 근무 일수 265일 기준, 현재 의료 인력 1인당 환자 수(2012년 기준)를 동일하게 유지한다고 가정

약대는 왜 아직도
인기를 끌고 있을까?

최근 일본에 있는 약대에 진학하는 한국인 수험생이 늘고 있다. 어렵게 한국 약대에 들어가도 재수가 기본이 될 정도로 약학고시를 통과하기 힘들다 보니 상대적으로 들어가기 쉬운 일본 약대를 선택하는 것이다. 우리나라 약학고시는 일본에서 약대를 졸업해도 응시할 자격이 주어진다. 한국약학교육평가원에 따르면 일본에서 약대를 졸업하고 한국약사 국가시험을 치르는 인원은 연간 200명 수준이라고 한다.

왜 학생들은 일본으로 유학을 가서 약대에 입학해 공부하는 수고를 감수하면서 약사가 되려는 것일까? 어느 정도 고수익이 보장된 안정적

인 직업을 선호하기 때문일 것이다. 특히, 지금은 대학의 다른 학과에 입학했더라도 대학에서 학부 2년을 수료하고 약학대학입문자격시험^{PEET}를 응시해 약대로의 편입이 가능해졌기 때문에 학생들에게 기회의 문이 넓어졌다.

사회 전체적으로 약대를 졸업하면 안정적인 직업이 보장된다는 인식이 생긴 것은 의약 분업 이후 모든 처방약은 반드시 약국에서 조제를 받아야 하는 것도 하나의 이유가 되었다고 보여진다.

고수익의 안정적인 직업을 가지길 원한다는 것을 통계로도 확인할 수 있는데, 2018년 기준 약학대학 졸업생의 약 37퍼센트가 약국에, 26.5퍼센트가 병원에 근무한다고 한다. 졸업생의 약 63.5퍼센트가 약국과 병원으로 진출하는 것이다.

❶ 대입 3년 예고제로 2022학년도 약대 입학 가능

교육부는 의약학계·자연계 교수와 시민단체로 구성된 '약대 학제 개편 자문위원회'에서 약대 개편 방안을 논의해왔다. 이에 따라 2019학년도 고1 학생이 대학교에 입학하는 2022학년도부터 전국 약대에서 고교 졸업생을 신입생으로 선발하는 개편안을 공개했다.

그동안은 이공계학부 2년 과정을 수료한 학생이 약학대학입문자격시험을 통과하면 약대 3학년 편입생으로 뽑아 4년간 가르치는 '2+4' 제도를 2011년부터 시행했었다. 이 제도의 도입 11년 만에 다시 신입생 선발로 되돌아가는 셈이다.

애초 2+4 제도는 문과를 포함한 다양한 학생을 선발해 융합형 인재를 키우겠다는 취지에서 시작되었다. 그러나 이공계 학생들이 학부 2년 후에 약대로 대거 빠져나가버려서 기초 학문을 황폐화시킨다는 비판이 계속 제기되었다. 이공계 교수회에선 "약대가 편입생을 뽑는 바람에 학부생 상당수가 학업을 포기하고 약대 편입 시험에만 매달린다. 정상적인 학교 운영이 안 된다"라는 불만이 속출했다.

교육부에 따르면 2018년 약대 편입생 1,839명 가운데 화학·생물 계열 학과 출신이 1,140명(62퍼센트)을 차지했다고 한다. 특히 약대와 관련성이 높은 화학·생물 계열 자퇴 인원이 정원의 2퍼센트 이상인 곳은 15개교 31개 학과에 이른다. 또, 수도권 대학의 화학과 자퇴율이 2+4 제도 도입 이후 2009년 2.2퍼센트에서 2010~2014년 36.6퍼센트로 치솟았다는 한국약학교육협의회 연구 결과도 있다. 그 때문에 약학대학 입문자격시험은 '약학고시'라고 불렸다.

약학대학입문자격시험의 응시 인원은 첫 시험을 치른 해에는 10,047명이었던 것이 2019년 기준 14,892명으로 약 48퍼센트가량 늘었다. 평균 10대 1에 이르는 경쟁률에 약대 편입 재수생이 누적되면서 사회문제까지 야기된다는 지적도 나왔다.

2017년 약대 편입생 중 학부 2학년을 이수한 후 약대 편입에 성공한 학생은 8.7퍼센트인 반면, 2년 이상 편입을 준비한 '장수생'은 66퍼센트에 달했다는 통계도 있다. 그리고 매년 15,000여 명이 치르는 약학대학입문자격시험(수험료 약 20만 원)이 사교육 시장을 과열시킨다는 이야기도 나왔다.

이러한 분위기에 힘입어 개편안이 나왔다. 약대 교육과정은 통합 6년 제로 바뀌며, 고교 졸업생을 신입생으로 선발한다는 내용이다. 통합 6년 제의 장점은 약학 교육 기간을 충분히 확보할 수 있다는 것이다. 또한 학 생들의 학업 관련 실무 실습 교육을 확대해 균형적인 기초·소양 교육과

2022 통합 6년제 시행 시 약사 배출 시점

참고·한국교육개발원 – 약학대학 학제 개편의 쟁점 분석과 방향 탐색 논문

구분	'18	'19	'20	'21	'22	'23	'24	'25	'26	'27	'28	'29
2+4 체제	선발 (3학년)	4	5	6	배출							
		선발 (3학년)	4	5	6	배출						
			선발 (3학년)	4	5	6	배출					
				선발 (3학년)	4	5	6	배출				
					선발 (3학년)	4	5	6	배출			
						선발 (3학년)	4	5	6	배출		
보장형 6년제					선발 (1학년)	2	3	4	5	6	배출	
						선발 (1학년)	2	3	4	5	6	배출
							1	2	3	4	5	6

↑ 2+4년제와 통합 6년제 병행 선발 ('22)

↑ 통합 6년제로만 선발 ('24)

전문지식 교육이 가능하다. 소규모 약학대학의 경우에는 정원이 증원되는 효과도 기대할 수 있어서 취약했던 부분의 교육 인프라 구축이 쉬워진다. 그리고 약학대학입문자격시험이 불필요하게 됨에 따라 과열된 사교육 시장을 잠재우는 효과도 있을 것이다.

하지만 우려되는 점도 많다. 학부모나 학생 입장에서는 학비에 대한 부담이 생긴다. 또 대학에서는 교수 충원과 관련 시설 확충을 위한 비용이 늘어나게 될 것이다. 또한 선발 인원 증원에 따른 실습 장소가 모두 충족이 되지 않는 등의 문제가 생길 수 있다.

❷ 약학대학을 졸업하면 그 진로는 어떻게 될까?

통계 수치를 통해 현실을 알아보고 앞으로의 전망은 어떨지 알아보자. 먼저, 2015년 2월에 배출된 6년제 약학대학 졸업생 1,616명을 조사한 결과 527명(32.6퍼센트)이 약국을 개업했으며, 다음으로 29.6퍼센트가 병원약국, 12.6퍼센트가 대학원 진학, 8.9퍼센트가 제약회사, 0.4퍼센트가 공공기관으로 진출했으며, 기타가 5.9퍼센트, 미취업도 10퍼센트나 된다.

졸업생의 약 62.2퍼센트가 약국이나 병원으로 진출하고 있다. 즉 임상의학 쪽에서 일하는 현실이다. 앞으로도 약학대학 졸업 후 임상의학 쪽 진로가 더 전망이 좋을까? 다음 사례를 보자.

KAIST에서 처방 AI '딥디디아이 Deep DDI'를 개발했는데, 이 시스템은 약물 간의 상호작용을 92.4퍼센트의 정확도로 예측할 수 있다고 한다.

아직 시작 단계지만 앞으로 이 시스템이 상용화된다면 어떨까? AI약사가 환자의 식단과 기존에 복용하고 있는 약 등 여러 상황을 고려해 환자에게 부작용이 없으며 효과는 높은 맞춤형 약물을 처방하게 될 것이다.

아직도 약국에 취업하기 위해 약대에 가야 한다고 생각하는가?

그런 마음으로 약대로의 진로를 생각하고 있다면 다시 고려해봐야 한다. 앞으로 어떤 부분이 더 전망이 있을까? 앞서 이야기한 것처럼 기초의학 부분의 연구와 데이터 축적도 매우 필요하다. 고령화 사회로 진입한 현시대에 환자의 개별 증상에 따른 획기적인 치료법, 예방을 위한 맞춤 신약을 개발하기 위해 약대에 지원하는 것은 어떨까?

간호사, 물리치료사, 방사선사의 미래가 궁금해요!

–

❶ 미래에도 간호사가 존재할까?

일본의 한 병원에서 AI간호사를 투입했다고 한다. 이는 인력난에 따른 고용의 어려움과 간호사 간의 '태움'이라는 비뚤어진 관계 형성에 대한 문제가 사회적 비판을 받자 나온 해결 방안이었다. 업무 부담이 큰 야간 근무시간에 AI간호사를 투입했는데, AI간호사가 사람 대신 의약품 및 정맥주사액 등을 운반하는 업무를 보조해 일반 간호사의 업무를 크게 줄였다고 한다. 앞으로 이 병원에서는 1년 동안의 시범 운영 결과에 따라 환자의 병실에도 투입하는 등의 확대 방안을 고려한다고 한다.

국내에서도 경희의료원과 인공지능 전문 IT기업 트위니가 이와 비슷한 병원용 자율주행 로봇을 개발하고 있다. 이 로봇 개발에 성공하면 많은 병원이 로봇을 활용해 업무 부담을 줄일 수 있을 것이다. 병원의 업무 중 단순한 운반 일이 큰 비중을 차지한다고 하니 자율주행 운반 로봇이 이를 해소해줄 것이다. 이 자율주행 기술을 발전시키면 자율주행 휠체어도 곧 사용 가능해질 것이다.

그렇다면, 미래에 간호사가 필요할까?

위 사례와 같이 AI간호사가 일반 간호사의 역할을 대체하지 않을까, 하는 생각이 들 것이다. 사실 모든 간호사의 업무를 AI간호사가 대체할 수는 없다. 간호사의 많은 업무 중에서 단순히 환자의 이동을 돕고, 약을 나누어주는 등의 업무는 AI간호사로 쉽게 대체 될 수 있을 것이다. 하지만 환자와 직접 대면하며 이야기를 나누고 환자의 마음을 어루만져주며 심리적 안정을 주는 임상간호사를 AI간호사가 대신하기는 어렵다. 그걸 증명하듯 '2017 한국 직업전'에서 고용노동부가 발표한 결과를 보면 간호사는 미래에 유망한 직업 중 상위에 있다. 미래의 유망한 직업으로 분류되는 또 다른 이유는 우리 사회가 초고령화 시대로 진입함에 따라 의료 분야에서 복지 지원 확대 등으로 더욱 많은 간호 인력이 필요할 것으로 예측되기 때문이다.

미래는 AI간호사와 일반 간호사가 업무를 나누어 공존하는 형태가 될 것이다. 업무상 힘든 일은 AI간호사가 맡고, 일반 간호사는 환자를 직접적으로 돌보며 공감하는 형태일 것이다. 현재도 많은 학생이 간호사를 지망하는 중이라, 간호사로의 진로는 인기가 높은 편이다. 이전에 비해 남학생의 간호사 희망도 급증하고 있다. 아마 진로 전망이 밝고 안정적인 직업이라 그럴 것이다.

간호사로 진로를 결정할 때 주의해야 할 것도 있다. 간호사는 사람을 보살피고 생명을 다루는 직업이라 학습량이 상당히 많아 중도에 포기하는 학생이 꽤 많다는 사실이다. 특히 고등학교 때 인문사회 과목을 중점으로 공부한 학생이 간호학과에 입학하면 더욱 그렇다. 많은 학생이 어려움을 호소하고 중도에 포기하기도 한다. 만약 간호사를 꿈꾼다면 고등학교 때 생명과학을 중심으로 과학 과목에 대한 탐구가 필요하다.

❷ 미래에도 물리치료사가 존재할까?

이번에는 물리치료의 전망이 어떨지, 진로의 방향을 위해 알아보자.

현대인은 예전에 비해 앉아서 생활하는 시간이 급격히 늘어났다. 이러한 이유로 많은 사람들이 점점 근골격계의 통증을 호소하고 있다. 그래서인지 세계적으로 물리치료사에 대한 직업 전망은 상당히 밝은 편이다. 우리나라의 경우 대부분의 물리치료학과가 전문대학에 개설되어 있어서 전문대학을 졸업하고 물리치료사로 활동한다.

간호사에 비해 물리치료사는 대학병원이나 대형 병원에서 자리 잡기가 쉽지 않다. 이들 병원의 간호사는 이직률이 30퍼센트가 넘지만, 물리치료사의 경우 이직률이 매우 낮기 때문이다. 물리치료학과를 졸업한 대부분의 학생은 중소형 병원이나 개인병원에서 낮은 연봉으로 생활하는 경우가 많다.

그래서 물리치료학과를 졸업하면 상당수가 물리치료사 자격증을 따서 퍼스널트레이너나 스포츠 선수 트레이너로 활동하는 것을 선호한다. 또는 군대에서 물리치료사를 별도로 모집하기도 해서 거기에 지원하기도 한다. 이 분야에서 남들보다 더 많은 소득과 높은 연봉의 구직을 원한다면 미국으로 유학을 가는 방법도 있다.

뉴욕에서 일하는 물리치료사는 하루 8시간 동안 환자 10명 정도를 보고 야근도 하지 않는다. 그런데도 미국 물리치료사의 평균 연봉은 7만 달러(약 8,400만 원)이고, 경력이나 지역에 따라 9만 5,700달러(약 1억 1,500만 원)까지 받는다고 한다(급여 정보 사이트 'PayScale' 기준). 미국에서 물리치료사는 미국 영주권 신청 2순위 직업으로, 해외 취업도 쉬운 편에 속한다. 왜냐하면 고령화되고 있는 미국의 사회적 특성상 치료가 필요한 환자는 늘고 있는 데다, 수술 없는 치료가 좋다는 인식 때문이다.

미국에서 물리치료사가 되려면 어떤 과정이 필요할까?

반드시 박사학위를 취득해야 한다. 주로 학부에서 생물학, 화학 등을 포함한 의료 관련 수업을 듣고 대학원에 진학하는 코스인데 석사과정 없이 3년간 공부하면 임상 박사학위를 받을 수 있다고 한다.[1] 이렇게 공부해서 임상 박사학위를 받기 때문에 의사를 거치지 않고도 환자의 치료 방법을 독자적으로 정할 권한을 가진다. 또 의사가 내린 처방이라도 대화를 통해 바꿀 수 있다. 의사의 처방이 필수인 우리나라와 매우 다른 현실이다.

이 분야에도 AI물리치료사가 등장할 수 있지 않을까?

현재 물리치료와 관련된 로봇이 어떤 게 있는지 살펴본다면 미래를 예측할 수 있지 않을까? 음식을 날라주고 전등을 꺼주는 등 다양한 집 안일을 대신 해주는 일본 혼다의 케어 로봇 '아시모^{ASIMO}'가 있다. 그리고 침대에 누워 있는 노인을 휠체어로 옮기거나 혼자 움직이기 힘든 환자를 보조하는 역할을 하는 '로베어^{ROBEAR}'[2]도 등장했다. 이외에도 휴머노이드 로봇 '나오^{NAO}'는 노인센터에서 같이 생활하며 노인 케어 서비스를 제공하고, 물범 모양의 로봇 '파로^{PARO}'는 반려동물과 비슷한 행동으로 고령자 심리를 안정시키는 역할을 할 수 있다고 한다. 이처럼 환자와 대화하면서 마음을 안정시키고 음식을 만들어주며 부축하는 등의 역할을 하는 AI 건강 도우미 정도가 현실성이 있다.

즉, 당장 물리치료사의 전문적인 업무를 대행하는 AI물리치료사는 없다. 물리치료사가 하이터치^{high touch}라고 불리는 고감도 영역의 직군에 포함되기 때문이라고 생각된다. 하이터치는 고도 기술을 뜻하는 하이테크와 대비되는 개념으로 소비자와 매우 밀접한 관계를 맺는 비즈니스를 의미하는 말이다. 따라서 물리치료사와 같은 직업은 사람과 사람 간

---

1) 미국에서는 치과의사, 약사 등 일부 직업군은 임상과 연구 분야를 나눠 박사학위를 준다. 연구 분야 박사학위를 취득에는 석사학위가 있어야 한다.
2) 일본 리켄사가 개발했다. 곰을 닮아서 로베어라 이름을 지었다고 한다.

의 직접적인 대면이 중요하고, 사람의 섬세한 손길을 필요로 하기 때문에 AI로 대체될 가능성이 낮다. 결론적으로 전문적인 지식을 갖춘 물리치료사의 경우 미래의 직업 전망이 상당히 밝다. 물리치료사의 꿈이 있다면 계속 나아가자.

❸ 방사선사, 그들의 미래는?

방사선사는 신체 내부기관의 질병과 장애 진단을 위해 방사선 장비를 조작해 환자를 진단하고 치료하는 업무를 수행하는 사람이다. 방사선사가 하는 일은 방사선 촬영 결과를 분석하고 보고서를 작성해 의사에게 전달하며 치료 기록을 관리하는 것이다. 방사선사가 조작하는 방사선 장비는 X-ray 검사, 컴퓨터 단층 촬영 검사CT, 자기공명 영상 촬영 검사MRI, 초음파 검사를 위한 도구가 주다.

방사선사가 되려면 3년 혹은 4년제 대학에서 방사선과를 졸업하거나 외국의 방사선 관련 교육과정 이수 후 방사선과 관련 면허를 취득하면 가능하다. 그리고 방사선사 국가시험에 합격하고 면허를 받으면 국내에서 방사선사로 일할 수 있다. 또는 방사선 장비업계에서 영업 및 개발, 관련 벤처사업이나 방사선 분야의 비파괴 검사 기사, 동위원소 관리사가 있고 원자력 연구소로도 전직이 가능하다. 그 외 보험회사의 의료보험 청구 업무, 의료보험심사원, 대학교수로의 진로도 가능하다.

현재 방사선 업무 관련 인공지능 도입은 어느 수준일까?

인공지능이 의료 영상 데이터를 분석하고 진단하는 능력은 이미 상당한 수준에 올랐다. 2018년 인공지능의 유방암 진단 정확도를 전문가의 진단과 비교해본 결과, 전문가보다 인공지능의 진단이 더 정확한 것으로 보고되었다.

안과의 당뇨성 망막증에 대한 영상 진단 정확도는 99퍼센트로 더 이상 정확할 수가 없다. 판단이 매우 어려운 뇌종양의 경우도 그렇다. MRI 영상 분석에 대한 정확도도 85퍼센트로 나타났는데, 이는 뇌 전문 의사들의 진단율 60퍼센트를 웃도는 수치다.

구글의 인공지능도 자체 진단한 정확도는 유방암 99퍼센트, 폐암 95퍼센트이며 전이암도 상당히 높은 수준인 것으로 발표했다. 전 분야는 아니지만 몇몇 암에서 인공지능은 이미 인간의 진단 정확도를 넘어서고 있다.

인공지능 기술이 더욱 발달한다면 방사선사가 검사 결과를 판단할 필요가 없어질 수도 있지 않을까? 그렇다면 미래에는 방사선사가 없어지지 않을까?

AI를 이용한 영상 진단은 진단의 정확도 향상을 위한 도구의 역할을 해줄 뿐이라고 생각하는 사람들의 관점에서는 긍정적이다. 밀려드는 환자와 수많은 영상데이터를 촬영하고 처리하고 진단하는 데 극심한 피로감과 시간 부족을 느끼는 의료진을 도와줄 매력적인 기술로, 촬영과 분석을 전문으로 하는 방사선사의 미래는 어둡지 않을 것이라 생각한다. 국내의 영상 의학 관련 분야도 아직은 간단한 영상 스크리닝 정도만 이용할 예정이라고 한다. CT나 MRI 영상을 통한 암 진단은 의료법과 의료기관들이 정보를 오픈하지 않기 때문에 데이터를 공유하기 어렵다.

이런 이유로 방사선사의 미래는 더욱 걱정할 필요가 없다고 생각한다.

물론 AI가 방사선사를 대체할 것이라고 생각하는 사람들도 있다. 촬영과 판독에서 인공지능의 역할이 더욱 증가할 것이라 생각하기 때문이다. 대부분의 미래학자들도 이러한 의견에 동의하는 경향을 보이고 있어 미래에 방사선사는 거의 사라질 직업 중 하나라고 거론하기도 한다. 인공지능이 특이점을 돌파하기 전까지는 방사선사의 미래가 어둡지는 않을 것이라 볼 수 있다. 지금 방사선사를 꿈꾸는 학생들까지는 어쩌면 방사선사로서 삶이 어렵지는 않을 것이다. 2016~2026년 중장기 인력 수급 전망에 따르면 방사선사의 수요가 연평균 1.9퍼센트가량 증가할 것으로 예측하고 있어 이러한 사실을 뒷받침해준다. 혹시 방사선사를 꿈꾼다면 충분히 의미가 있는 직업이라고 생각한다.

하지만 과학자들의 대부분은 현재의 기술발전 속도로 보면 아마도 2050년이 되면 특이점을 통과해 인간이 더 이상 따라갈 수 없는 수준에 도달하게 될 것이라 생각한다. 그때가 되면 단순히 여러 기계를 다루어 진단하고 치료하는 수준을 넘어설 것이다. 기계를 직접 다루어 진단하고 치료하는 과정에서 발생하는 다양한 상황을 적용한 새로운 형태의 기계 활용법이 필요한 상황이 오게 될 것이다.

스포츠의학의 전망은
어떨까?

-

이번에는 스포츠의학 분야를 살펴보자. 삶의 질을 높여주는 새로운 삶의 방식인 워라밸이 사람들에게 의미 있게 받아들여지면서 많은 사람들이 운동을 하며 여가시간을 보낸다. 이와 함께 잘못된 운동으로 인한 손상 치료 및 재활과 예방 그리고 경기력 향상 서비스를 제공하는 스포츠의학에 대한 관심도 덩달아 높아지는 추세다.

최근 스포츠의학에서는 스포츠 관련 외상 치료와 예방은 물론이고 일반인을 위한 올바른 운동 방법, 만성 질환자의 치료를 위한 운동법까지 다룬다. 또 스포츠를 즐기면서 삶의 질을 향상시키며 노화나 질병, 외상으로 인해 저하된 신체 능력을 회복시켜 일상생활을 무리 없이 수행할 수 있도록 하는 부분을 포함한다. 체력을 증진하는 광범위한 분야까지 아우르는 의학적 학문의 집합체로 변모하는 분야이기 때문에 대학병원을 보유한 대학에 스포츠의학과가 개설되어 있다.

또한, 스포츠의학은 성인병 환자의 치료와 관리에도 도움을 준다. 현대 성인병의 원인은 풍요로운 삶에서 오는 부작용인 운동 부족이 주요 요인이다. 성인병의 대표 질환은 비만증, 고혈압, 당뇨병과 대사증후군이 있다. 특히 대사증후군은 전 세계 성인의 20~25퍼센트가 앓고 있다고 한다. 학계에서는 대사증후군은 심혈관계 질환^{cardiovascular disease} 발병률이 급증한 것과 연관이 있다고 판단한다. 따라서 '대사증후군과 스포츠의학' 분야에서 대사증후군의 위험과 신체 활동과의 요인에 대해 다양한 연구를 하면서 구체적인 운동 방법도 개발하는 중이다.

또한 생활수준의 향상과 주 5일 근무제에 따른 여가시간이 많아지고 의학 기술도 점점 발달하고 있어 평균 수명의 연장과 삶의 질 향상을 위해 운동은 빼놓을 수 없는 요소가 되었다. 따라서 미래의 스포츠의학이 건강 산업에서 주도적인 역할을 할 것이다. 이런 맥락에서 스포츠의학이 운동선수뿐만 아니라 스포츠를 즐기는 대중으로 범위를 넓히면서 단순 재활 치료를 넘어 지역사회의 건강 사업 등과 관련한 예방의학적 역할에 점점 더 큰 역할을 할 것이다.

즉, 각종 성인병과 만성 퇴행성 질환의 조절과 관리뿐만 아니라 운동을 통해 질병을 예방하는 일, 현재의 건강을 유지하고 보다 증진하는 일 등이 스포츠의학의 주요 관심사가 될 것이다. 이외에도 스포츠 재활시스템의 향상과 보급으로 다양한 기능적 평가가 가능해지고, 재활 프로세스도 개선되어 환자가 안전하고 빠르게 일상으로 복귀하도록 도우리라 기대하고 있다. 물리치료사와 비슷한 이유로 AI로 대체될 가능성은 낮다고 여겨지는 분야이므로 관심이 있는 학생들은 적극적으로 도전해도 좋다고 생각한다.

2

화학·생명과학·환경 계열의 도전

제약회사가 화장품 사업을 확장하는 이유는? –
화학·생명과학 계열

–

❶ 기술 수출료 받는 한국 제약회사

기술 수출료를 받으면서 해외로 진출하는 국내 제약회사들이 개발한
신약을 업그레이드하고 새로운 신약 개발을 위한 투자를 지속하면서
제약 산업이 나날이 발전하고 있다. 정부에서도 제약 산업 발전을 위한

전문 인력을 확보하기 위해 제약 산업 특성화대학원을 중심으로 기업 맞춤형 인재를 확보해 도움을 줄 준비도 하고 있다. 또 산학연계 교육 활성화 선도대학(프라임대학)에서도 의약바이오학과, 바이오헬스학과, 의생명 헬스케어학과, 의료 융복합 웰니스학과, 제약공학과 등의 학과를 신설해 제약 산업 발전을 위한 인력을 양성한다.

유한양행은 선도적으로 기술 수출의 모델을 보여주고 있다. 유한양행은 오스코텍과의 오픈 이노베이션(개방형 혁신, 자금과 경험을 갖춘 대형 제약사가 R&D 역량과 창의적 아이디어를 갖춘 바이오벤처사에 지분 투자와 기술적 제휴 등의 협업을 통해 신약 개발의 이익을 공동 배분하는 파트너십에 근거한 비즈니스 모델)을 통한 새로운 신약 개발 모델을 제시했다. 유한양행의 기술 수출 내용을 살펴보면 임상 1, 2상 단계의 레이저티닙^{Lazertinib}의 계약금으로 559억 원을 받았으며, 이후 개발 단계별로 수입이 계속 늘어난다. 개발이 성공해서 상업화되면 매출 규모에 따라 추가적인 경상 기술료를 지급받게 된다.

유한양행은 그동안 직접 R&D를 추진하는 것 외에도 2015년 이후로 바이오니아, 제넥신, 파멥신, 브릿지바이오 등 유망한 바이오 기업과 다양한 오픈 이노베이션 전략을 취해왔다. 이처럼 유한양행은 폭넓은 바이오벤처 투자로 다양한 분야에서 눈에 띄는 성과를 얻고 있다.

유한양행을 포함한 국내 제약 및 바이오 기업의 기술 수출료는 2018년을 기준으로 약 41억 5천 달러(한화 약 4조 7,000억 원)의 규모다. 자세한 내용은 다음 그림에서 확인 가능하다.

유한양행 '바이오벤처 투자' 내역

자료·〈머니투데이〉, 유한양행의 바이오벤처 투자 현황

투자 회사	최초 투자 시기	투자 금액	사업 내용
바이오니아	2015년 9월	100억 원	sRNA
코스온	2015년 11월	400억 원	화장품
제넥신	2015년 12월 2018년 5월	300억 원	hyFC(항체융합기술)
이엠텍	2015년 12월	20억 원	보청기
이뮨온시아	2016년 3월	120억 원	면역항암제
파멥신	2016년 4월	30억 원	항체신약
SO RRENTO	2016년 4월	112억 원	면역항암제
Neo Immune Tech	2016년 7월	34억 원	hyFC(항체융합기술)
CENOSCO	2016년 8월	75억 원	표적항암제
씨앤씨	2016년 11월	25억 원	오랄케어
바이오포아	2017년 3월	50억 원	축산백신
워랜텍	2017년 3월	40억 원	임플란트
유한필리아	2017년 4월	70억 원	뷰티 사업
애드파마	2017년 11월	50억 원	개량 신약
칭다오 세브란스병원	2018년 2월	200억 원	병원 사업
Yuhan USA	2018년 3월	20억 원	미국 진출
브릿지바이오	2018년 5월	20억 원	바이오 신약 개발
굳티셀	2018년 7월	50억 원	암/면역 질환 세포치료제 개발

기술 수출이란 말의 의미는 아직 연구 단계인 신약 후보물질을 개발할 권리를 파는 것이다. 2015년의 한국의약품수출입협회 자료에 따르면, 우리나라 제약사의 의약품 관련 제약 수출액은 32억 3,163만 달러(약 3조 8,650억 원)로 같은 기간 기술 수출 계약액(8조 3,000억 원)의 절반에도 미치지 못했다.

후보물질을 시작으로 임상실험을 거친 신약을 만들어 수출하면 훨씬 더 많은 이익을 낼 수 있다. 한 예로, 길리어드 제약사는 C형 간염 치료제 '하보니·소발디'로 전 세계에서 191억 4,000만 달러(약 22조 원)의 매출을 올리며 단숨에 글로벌 제약사 10위에 이름을 올렸다(2015년도 기준). 이런 성과를 내는 데에는 수조 원의 연구 개발비와 적어도 10년 정도의 기간이 필요하다. 하지만 이후 임상실험에서 뜻하지 않은 부작용이 발견되면 이런 노력도 한순간에 물거품이 되어버리고 만다.

위험요소를 최소화하려면 아직 자본력이 약한 국내 제약사는 기술 수출에 주력하는 것이 더 나은 현실이다. 뭔가 엄청 손해를 보는 것 같지만, 사실 그렇지만은 않다. 단순 기술 수출로 끝나는 것이 아니라 임상실험에 따라 단계별 기술료(마일스톤)를 받을 수 있고, 상용화 이후에 발생하는 판매에 대한 로열티를 따로 받기 때문에 실보다 득이 많은 사업 형태다.

❷ K-뷰티에 열광하는 외국인들

화장품이 한류 산업의 미래가 될 정도로 K-뷰티의 반응이 매우 뜨겁다. K-팝, 드라마, 영화로 시작된 한류의 열풍은 한국 가수와 배우의 외모에 주목했다. 덩달아 한국 화장품과 패션에 대한 관심도 급증했다.

외국인들이 한국 화장품에 열광하는 이유는 무엇일까?

첫째, 경제 수준이 향상되면서 인류는 고령화 사회로 진입했다. 여기에 기술의 발전으로 Full HD TV 등 고해상도 미디어가 발달하면서 아기같이 깨끗하고 주름 없는 피부에 대한 갈망이 더욱 높아지고 있다. 이는 단순히 피부를 촉촉하게 유지하고 결점을 가리는 데만 국한되지 않는다. 이보다 한 단계 발전한 소비자 요구는 흠 없는 피부, 탄력 있고 투명하고 광채 나는 피부를 선호하며 기대하는 것이기 때문이다.

이에 따라 주름 개선, 미백 등의 기능성 화장품 시장이 빠른 속도로 성장하고 있다. 기능성 화장품을 '코스메슈티컬'이라고 부르는데 이는 화장품(코스메틱스)과 의약품(파마슈티컬)을 결합한 단어로, 의약품처럼 뛰어난 효능을 가진 화장품을 뜻한다. 이 코스메슈티컬은 2014년 이후 매년 10퍼센트의 성장률을 보인다.

둘째, 독성 화학물질로 인한 케모포비아 현상 때문이다. 미세플라스틱과 미세먼지로 인한 공포감으로 인해 친환경에 대한 소비자의 관심이 높아지면서 천연 화장품의 인기가 지속되고 있다. 특히 아시아 – 태평양 지역의 천연 화장품 시장의 성장률은 30퍼센트에 이를 정도이다. 다양한 식물 추출물로 만드는 천연 화장품 중에서 한약재를 원료로 하는 한방 화장품의 인기도 매우 높다.

이들 화장품은 인체와 환경에 독성이 낮은 바이오 기반 계면활성제 성분을 사용하는데, 이는 야자유와 사탕수수에서 추출한 알킬폴리글루

코사이드나 라우릴글루코사이드를 사용한다. 또 기존에 많이 사용하던 하이드로퀴논(멜라닌 억제제가 들어 있어 미백 효과를 줌)은 암을 유발할 가능성이 있다고 하여 월귤나무, 닥나무, 감초 등에서 추출한 천연성분으로 대체하고 있다. 최근에는 미세먼지와 황사로 피부 고민이 많은 사람을 위한 기능성 화장품을 개발하고 있다.

셋째, 다양한 피부타입에 맞춤식으로 나온 마스크 팩이 고객의 요구에 만족을 주기 때문이다. 화장품은 피부의 진피층까지 흡수되는 비율이 낮아서 주름 개선 효과를 보려면 앰플을 주삿바늘로 주입해야 했었다. 하지만 주삿바늘에 대한 거부감과 사용의 불편함이 있었다. 최근 마스크 팩에 미세 바늘 패치가 들어간 제품이 출시되었다. 이 기술은 미세 바늘 패치가 주름 개선에 효과가 있는 물질을 진피층까지 깊숙이 침투하게 도와주어 주름 개선 효과를 소비자에게 보여주었다.

이러한 이유로 한국인들뿐만 아니라 외국인들까지 한국 화장품에 열광한다. 이것이 한국의 화장품 산업의 성장을 이끌어왔다. 화장품 회사들도 이전의 단순 판매를 넘어서 분야를 확장하고 있다. 화장품 생산을 위한 고기능성 원료를 확보하기 위하여 제약회사와 바이오 기업이 협업하거나 제약회사에서 직접 화장품 회사를 차리기도 한다.

국내 제약 - 바이오 기업은 그동안 바이오 시밀러 즉, 세포 치료제 분야를 중심으로 기술 경쟁력을 높여왔다. 그리하여 유전자 재조합 단백질 제조 및 세포배양, 단백질 정제 및 품질관리에서 세계 최고의 기술을 보유하고 있다.

국내 바이오 기업의 경쟁력 때문에 화장품 업계와의 시너지 창출이 매우 기대된다. 정부에서도 '화장품 산업 글로벌화 강화 전략'을 통해 한방 발효 화장품과 고기능성 소재 연구 개발 지원 및 산업 육성 인프라 확충 등 바이오 화장품 발전의 기틀을 조성하는 데 노력을 기울이고 있는 상태다.

화장품 성장과 함께 화학공학, 생명공학 관련 학과뿐만 아니라 그동안 사람들로부터 등한시되었던 순수과학 계열인 화학, 생명과학 관련 학과들이 다시 인기를 끌게 될 것이다.

자연 없이 인간이 존재할 수 있나요? – 환경 계열

–

지구의 환경오염과 자원 고갈 문제는 인류가 당면한 가장 큰 과제다. 지구는 스스로 치유할 자정 능력을 거의 상실했다. 이런 상황에서 살아가야 할 후손들의 미래를 위해서 환경문제에 관심을 가져야 한다.

전문가들은 오염물질의 사후처리와 관련된 산업군에서 불필요한 자원 낭비를 줄이는 사전 예방 쪽으로 그 중심이 옮겨 갈 것으로 내다본다. 하지만 오염물질을 처리하는 일은 그 수요에 비해 업무 선호도가 낮아서 갈수록 진로 희망자가 줄어들고 있는 것이 현실이다. 또한, 한정된

자원으로 최대한의 가치를 끌어내는 친환경 산업이 미래에 각광받는 산업이긴 하지만, 그 처리 과정에서 독성물질이 생겨나기 때문에 로봇을 통한 처리를 선호하는 추세다.

앞으로의 친환경 산업은 자원의 재활용을 통해 완전히 새로운 원료로 만들어 고부가가치를 낼 수 있느냐가 관건이다. 그렇다 보니 전문가들은 재활용과 관련된 친환경 제품의 가치를 제대로 평가할 수 있는 산업이 새롭게 부각될 것이라고 한다. 따라서 환경영향평가사, 환경제품 컨설턴트, 오염부지 정화연구원 등과 같은 가치평가를 담당하는 컨설팅 산업이 유망할 것이라 여겨진다. 이러한 산업에서 과거 도시와 공장에서 발생하는 오·폐수를 처리하거나 그 밖의 오염물질, 대기오염을 1차적으로 관리하던 환경 관련 직업군이 빠진 것을 눈여겨 볼 필요가 있다.

녹색직업은 또 다른 환경 관련 유망 직종이라고 말할 수 있다. 녹색직업이란 지구 환경을 지키기 위해 화석연료를 대체하는 에너지를 생산하고 관리하는 직업을 포괄한다. 지구온난화의 주범인 이산화탄소 배출을 억제하도록 만드는 직업과 태양광, 풍력, 파력, 지열, 조력 등을 이용한 대체에너지 관련 직종도 인기가 있을 것이다.

녹색직업은 앞에서처럼 대체에너지와 이산화탄소 발생을 관리하는 직업으로 나뉜다. 대체에너지와 관련된 직업은 태양광발전 연구원, 태양광 시스템 엔지니어, 풍력발전 시스템 엔지니어, 지열발전 엔지니어 등이다. 이산화탄소를 억제하고 관리하는 직업으로는 전기 자동차 엔지니어, 탄소 거래 중개인, 유기농 재배자, 친환경 건축가 등이 있다. 이외에도 바이오에너지 전문가, 기후변화 전문가, 폐기물에너지 연구원, 연료전지 전문가, LED 제품 개발자, 온실가스 인증심사원, 에코 디자이너, 재활용 전문가, 환경운동가, 로컬푸드 요리사, 에너지 국제 개발 협력 활동가 등이 있다.

미래의 환경 관련 유망 직업을 가지고 싶은 학생들은 예전처럼 단순히 환경에 관한 공부를 하는 것만으로는 힘들다는 것을 명심하고, 관련된 다양한 공부(공학, 경영학, 컨설팅 등)를 병행하는 것이 필요하다.

바이오 테러리즘이란 무엇인가요? -
환경·생명과학 계열

'바이오 테러리즘'이란 생물 테러, 즉 바이러스, 세균, 독소 등을 이용해 사람, 동물, 식물에게 해를 일으키는 행위를 의미한다. 우리나라에서 법률로 정의하는 생물 무기biological weapon는 인체 병원체 27종, 동물 병원체 14종, 식물 병원체 13종이다. 생물 무기는 적은 비용으로도 생산과 운반이 가능하다. 또 사전에 알기가 매우 어려우며, 정확한 진단이나 전파 경로를 확인하기 어려워서 장기적인 위협이 될 소지가 있다.

최초로 사용된 바이오 테러는 시체로 식수원을 오염시키는 것이었다. 고대 히타이트족은 전쟁 때 화살촉에 시체로 오염된 물을 찍어 사용했다. 이후엔 요새 너머로 사체를 투척하는 것이 테러 전술로 사용되기도 했다. 최근에는 생물무기협약이 등장할 정도로 생물학적 무기의 개발과 비축이 고도화되어 사람과 동식물에게 해를 입힐 수 있는 잠재력과 그 범위 확대에 대한 우려가 점점 커지고 있다.

바이오 테러에 사용될 수 있는 대표적이고 치명적인 생물학적 무기 중 하나는 바로 천연두 바이러스이다. 천연두 바이러스는 치사율이 30퍼센트 이상이라 인체에 매우 치명적이다. 1977년 소말리아에서 마지막으로 발병 후, 자연적인 발생이 없어 박멸 선언이 되었다. 하지만 미국, 러시아 등의 나라가 연구용으로 보관하고 있고, 북한은 구소련에서 기술을 이전받아 바이러스를 보유한 것으로 추정된다.

2014년, 전 세계에 전파되어 1만 명 이상의 사망자를 낸 에볼라 바이러스도 치사율과 전염성이 높다. 2012년 세계적인 과학 잡지 〈네이처 Nature〉지에 투고되어 논란을 일으켰던, 인위적으로 조작된 고병원성 인플루엔자 바이러스가 악용된다면 '바이오 핵폭탄'급의 치명적인 생물 무기가 될 수 있다. 우리나라는 북한과 잠정적인 휴전 상태의 특수한 상황인 데다, 북한이 천연두 바이러스, 탄저균 등 생물 무기로 사용 가능한 병원체를 보유한 것으로 알려져 철저한 대비가 필요하다.

바이오 테러리즘의 특징은 다른 무기에 비해 상대적으로 얻기 쉽다는 것이다. 비교적 가격이 저렴하고 생산하는 데 큰 어려움이 없기 때문이다. 또 실제 피해보다 더 큰 혼란을 일으킬 수 있다. 탄저균은 홀씨 형태로 몇 십 년 동안 보존이 가능하고, 분말 형태로도 휴대하기 좋다. 탄저균은 사람 몸에 닿으면 물집과 검은색 딱지가 생긴다. 만약 탄저균 100kg이 살포된다면 100만 명에서 300만 명이 목숨을 잃을 정도로 엄청난 위력을 지녔다.

빌 게이츠도 '뮌헨 안보 컨퍼런스'에서 바이오 테러는 핵폭탄보다 훨씬 심각한 대량 살상 무기가 될 수 있는데도 충분한 투자와 훈련이 이뤄지지 않고 있다고 정부와 군을 질타한 적이 있다. 그는 "자연적인 이유에서 발생한 전염병이든 아니면 테러리스트가 조작한 바이러스에 의한 전염병이든 (수백만 명이 아닌) 수억 명을 죽일 수 있다. 전염병이 발생하면 새로운 백신을 빨리, 대량으로 생산할 수 있는 준비를 해야 한다"라고 주장했다.

이런 생물 테러의 위험성 때문에 미국은 바이오테러리즘법을 만들었다. 미국에서 식품이 위협 수단으로 이용되는 것을 막기 위해서다. 이에 따라 미국으로 수출하는 모든 식품은 미국 식품의약청 등록 절차를 거친다.

앞으로 바이오 테러리즘에 대항하는 다양한 연구가 더 활성화될 것으로 예상된다. 따라서 생명과학, 화학, 환경과학 등과 관련한 순수과학을 깊이 연구한 연구원들이 미래에 더욱 각광받을 것이다.

3

농림·수산 계열의 새 바람,
미래 먹거리

배양육이 뭐지?

-

배양육이란 가축을 사육하는 과정을 거치지 않고 연구실에서 세포 증식을 통해 얻는 인조고기를 말한다. 2013년 마스트리크대학교의 마크 포스트 박사는 조직 배양을 통해 근육세포로 햄버거 패티를 만들었다. 또 2016년에는 캘리포니아 멤피스 미트에서 미트볼에 적합한 배양육을 만들었다. 왜 회사들은 앞 다투어 인조고기를 만들까?

첫째, 식량 문제 해결에 도움을 준다. 유엔식량농업기구FAO는 2050년에 세계 인구가 약 100억 명에 이른다고 한다. 또 중국 때문에 동아시아 지역의 소고기 소비가 가장 증가할 것으로 예상한다. 오래지 않은 과거에 중국에서 우유 소비가 늘면서 전 세계적으로 우유와 치즈 값이 폭등했었다.

중국이 소고기를 대량 소비하기 시작하면 그 수요를 다 충족시키기 힘들 것이다. 미국 목축업자들의 주장으로는 소고기 1kg을 얻는 데 약 9kg의 사료가 필요하다고 한다. 아울러 미국 농무부 경제연구소 분석 자료에 따르면, 소 한 마리당 16kg 이상의 곡물 사료가 필요해져서 결국은 소고기를 위한 소를 사육하는데 들어가는 곡물량을 충족시키면, 사람이 먹을 곡물량이 현저히 줄어드는 상황이 발생한다.

둘째, 축산업 때문에 발생하는 환경오염 문제를 해결해준다. 식물성 고기를 개발하면 같은 양의 소를 사육할 때보다 95퍼센트의 토지, 87퍼센트의 온실가스, 75퍼센트의 물 사용량을 줄일 수 있다고 한다. 배양육은 에너지 절감 측면에서도 뛰어나다. 기존 사육고기의 55퍼센트 정도의 에너지면 같은 크기의 배양육을 얻을 수 있다. 또 온실가스 배출량은 4퍼센트, 토지 사용량은 1퍼센트 수준으로 식물성 고기보다 낮출 수 있어서 환경오염을 줄이는 데 크게 기여한다.

셋째, 생명 윤리적인 면에서의 안심이다. 배양육을 활용하면 각종 동물의 고기를 얻기 위해 도살을 하는 과정을 거치지 않아도 되기 때문에 평소에 사람들이 갖던 심리적 부담을 해소할 수 있다. 이를테면 외국에서 한국 사람들이 개고기를 먹는 것에 대해 부정적인 반응을 보이는 이유는 개가 반려동물이라는 인식과 가족과 같은 반려동물을 죽여 고기를 얻기 때문이다. 하지만 배양육을 활용한다면 그러한 문제는 해결될 것이다.

넷째, 최근 아프리카 돼지열병ASF 발생으로 가축 매몰처리 과정이 연일 언론에 보도되면서 가축전염병과 살처분 탓에 축산업을 부정적으로 보는 시선이 늘면서 배양육에 대한 관심이 높아지고 있다. 배양육은 가축을 사육할 필요가 없기 때문에 당연히 가축전염병으로부터도 자유롭다.

배양육은 우선 동물의 특정 부위에서 세포를 떼어낸 후, 줄기세포를 추출한다. 이를 소태아혈청이 든 용기에 집어넣는다. 줄기세포는 혈청을 먹이 삼아 근육세포로 분화한다. 세포들이 뭉쳐 근육조직이 된다. 몇 주가 지나면 배양육이 완성된다. 이렇게 배양된 고기의 식감이 고기와 비슷하여 수요가 더욱 많아질 것으로 여긴다. 배양육은 미래의 먹거리 사업 중 하나로 이어질 유망 업종이 될 것이 확실하고, 배양육에 대한 연구도 지금보다 더욱 활발해질 것이라 본다.

배양육 연구는 세포농업이라는 새로운 미래 산업을 만들어내었다. 현재 미국, 네덜란드, 이스라엘 등 이 연구를 이끌어가고 있다. 하지만 우리나라는 관련 연구가 아직 미진하다. 정부에서는 동물 감염병, 스마트 농업 등 2개 분야에서 특화된 전문 교육 프로그램을 제공할 특수 대학원을 개설해 동물 감염병에 대비할 전문 인력을 양성할 계획을 가지고 있다. 따라서 감염병에 대한 걱정이 없고 영양가가 좋으면서 맛도 좋은 배양육에 대한 수요가 높아질 것이기에 관련된 직업에 대해서도 관심을 가질 필요가 있다.

이러한 분야에 관심이 있는 학생들은 축산학 계열의 동물생명공학, 동물생명과학, 동물생명자원학과 등을 전공할 수도 있고, 농림수산환경 생태학 계열의 응용생물공학과, 응용생물화학부 등의 전공을 선택할 수도 있다. 이외에도 식품가공학 계열의 전공도 이러한 분야에 진출하기 위한 좋은 선택이 될 것이다.

곤충 음식을
어떻게 먹어요?

-

곤충 음식 즉, 식용곤충이란 식용을 목적으로 하는 곤충을 말한다. 현재 곤충을 식용으로 사용하는 나라는 아프리카, 아시아, 남아메리카, 호주 등이다. 이들 나라에선 동물성 단백질과 필수아미노산을 포함한 영양소 섭취를 위해 메뚜기, 흰개미, 딱정벌레 등 다양한 곤충을 식용으로 사용한다.

식용곤충의 장점은,

첫째, 가축에 비해 사육 면적이 적게 들어서 토지 이용 효율이 높다. 곤충은 한 번에 수백여 개의 알을 낳고, 세대 순환이 빨라서 짧은 시간에 대량생산이 가능하다. 또 같은 양을 생산한다고 할 때, 육류 생산에 비해 필요한 사료가 매우 적게 들어서 경제적이다.

둘째, 영양 면에서 곤충 음식은 소고기, 닭고기를 대체할 만하다. 단백질이 풍부할 뿐만 아니라 불포화지방산이 총 지방산 중 70퍼센트 이상을 차지하며, 칼슘, 철 등의 무기질 함량 또한 높아 영양 가치가 높은 것으로 평가된다.

셋째, 가축이 배출하는 온실가스 양은 지구 전체 온실가스 발생량의 18퍼센트 이상을 차지한다. 딱정벌레목 갈색거저리의 경우 온실가스를 1kg당 돼지의 10분의 1밖에 생성하지 않아 매우 친환경적이다.

넷째, 광우병, 구제역, 조류독감 등의 질병 때문에 안전한 식용 육류를 확보하기가 점점 힘들어지는 상황에 희소식이다. 육류 대체 식품에 대한 필요성이 점점 커지는 실정이므로, 단백질이 풍부한 곤충은 육류에 대한 새로운 대안이라고 할 수 있다.

이러한 장점에도 불구하고 법적인 문제나 사육에 들어가는 비용 등의 문제로 식용곤충을 기르는 농가는 많지 않았다. 하지만 식용곤충이 '가축'에 포함되어 해당 곤충을 사육하는 농가는 축산농가로 인정받는다. 2년 이상 영농에 종사한 사람이 농업용으로 사용하기 위해 축사를 취득하는 경우 취득세와 지방교육세를 50퍼센트 감면받고, 농어촌특별세는 비과세 혜택을 받게 되는 등 다양한 혜택을 받게 되면서 식용곤충을 기르는 농가가 점점 증가하고 있다. 2018년 기준으로 국내 곤충업(생산·가공·유통) 신고자는 2,318개소로 2017년 2,136개소보다 8.5퍼센트 증가한 것으로 나타났다. 2015년과 비교하면 3배나 증가한 수준이다.

농림축산식품부는 '가축으로 정하는 기타 동물'을 개정해 14종의 곤충을 축산법에 따른 가축으로 인정하기로 했다.

식용곤충을 용도에 따라 분류해보면, 가축으로 인정받는 곤충은 갈색거저리 유충, 장수풍뎅이 유충, 흰점박이 꽃무지 유충, 누에(유충, 번데기) 등 4종, 약용으로 인정받는 곤충은 왕지네 1종, 사료용으로 인정받는 곤충은 갈색거저리 유충과 건조귀뚜라미(왕귀뚜라미) 등 2종이다. 학습·애완용으로 인정받는 곤충이 장수풍뎅이, 애반딧불이, 늦반딧불이, 넓적사슴벌레, 톱사슴벌레, 여치, 왕귀뚜라미, 방울벌레 등 8종, 화분매개 곤충은 호박벌, 머리뿔가위벌 등 2종이다. 이 중 갈색거저리, 장수풍뎅이, 왕귀뚜라미는 두 가지 용도로 사육되는 곤충이다.

곤충의 식용화에서 가장 문제가 되는 것은 아마도 사람들의 인식일 것이다. 기본적으로 곤충을 징그러운 대상으로 보기 때문에 이를 먹는다는 것에 거부감을 보이는 사람이 많은 편이다. 이러한 문제만 극복할 수 있다면 식용곤충과 관련된 다양한 산업들은 급성장할 것으로 보인다. 따라서 관련 학과 및 관련 직종의 전망은 충분히 밝은 편이다.

스마트팜,
정말 도심지에서도 가능한가요?
-

스마트팜은 정보통신 기술ICT : Information and Communications Technologies

을 비닐하우스, 축사, 과수원에 접목해 원격으로 작물과 가축의 생육 환경을 적정하게 유지·관리할 수 있는 농장을 의미한다. 한국에서는 스마트 K-Farm 시스템이라는 이름으로 농업과 4차 산업혁명 기술(BT, NT, IoT, CPS, 로봇, 인터넷)을 융합하고 있다.

작물생육과 환경에 대한 정확한 데이터를 기반으로 언제 어디서나 작물, 가축의 생육 환경을 점검하고, 적기에 처방해 노동력, 에너지, 양분 등을 종전보다 덜 투입하고도 농산물의 생산성과 품질을 높이는 농업이다.

스마트팜의 장점은,

첫째, ICT를 접목한 스마트팜이 노동력이나 에너지의 투입을 적정 사용하게 만들어준다. 이는 우리 농업의 경쟁력을 높이고, 미래 성장 산업으로 견인할 주요 요인이 될 것이다.

둘째, 단순 노동력 절감 차원을 넘어 농작업의 시간·공간적 구속에서 자유롭게 만든다. 여유 시간도 늘어나고, 삶의 질도 개선되어 우수 신규 인력의 농촌 유입 가능성이 커진다.

셋째, 농업과 ICT의 융합은 생산 분야부터 유통, 소비, 농촌 생활에 이르기까지 6차 산업의 혁신을 꾀할 수 있도록 다양한 형태로 적용 가능하다. 이를 광의의 스마트팜이라 정의할 수 있다. 생산, 유통, 소비 등 농식품의 가치사슬value-chain에 ICT를 융·복합해 생산의 정밀화, 유통의 지능화, 경영의 선진화 등 상품, 서비스, 공정을 혁신하고 새로운 가치를 창출할 수 있다. 사물인터넷IoT, 기계화에 기반한 농업, POS-Mall을 통한 전자상거래 등 유통, RFIDRadio Frequency Identification 시스템에 의거한 농산물 이력 추적 관리가 가능해져 정밀한 농업이 가능하다.

넷째, 국가동물방역통합시스템www.kahis.go.kr을 통해 질병 발생 지역을 중심으로 신속히 방역대를 설정하고 취약 농가 소독, 이동 제한 등을 효율적으로 관리할 수 있다.

스마트팜의 일례로 서울지하철공사는 지하철 공터에 유리칸막이 너머 발광다이오드LED 조명을 받으며, 성장하는 채소들을 가꿀 수 있는 공간을 설치했다. 이것은 정보 기술IT을 접목해 국내 최초로 지하철역에 설치한 '메트로팜'이다. 버터헤드레터스, 카이피라 등 최근 소비가 늘고 있는 샐러드 재료들이 재배되는 이 메트로팜은 '실내수직농장'의 형태로 외부 환경에 영향을 받지 않고, 3無(무농약, 무GMO, 무병충해)를 실천하며, 미세먼지도 걱정 없는 환경에서 청정채소를 24시간 연중 생산하고 있다.

메트로팜은 시민들의 생태 감수성을 높이고 도시농업 일자리 창출이 가능한 미래형 농업을 직접 체험할 수 있게 하려는 취지로 설립되었다. 메트로팜은 자동으로 온·습도를 조절하고 작물에 물을 주는 등 기존 스마트팜과 동일한 시스템으로 지하에 설치되어 있다 보니 지상보다 온도 변화가 적어 항온관리에 유리하다는 장점이 있다. 대신 습도가 항상 65~67퍼센트로 유지될 수 있도록 신경을 써야 한다. 이러한 변화와 도전은 다양한 스마트팜을 가능케 하는 원동력이 될 것이다.

또한 '플랜티 큐브'라는 농가와 영농법인, 기업 등을 겨냥한 컨테이너형 스마트팜도 있다. 40ft(피트) 컨테이너가 기본 단위로, 원하는 규모에 따라 컨테이너 여러 동을 연결할 수 있다. 컨테이너 안에 적게는 수

백에서 많게는 수천 개의 플랜티 스퀘어가 층층이 설치되어 있어 최대 1,500~2,000여 종의 작물을 한 번에 재배할 수 있다. 요즘 뜨고 있는 '수직농장Vertical Farm'과 같은 개념으로 각종 작물을 심은 선반을 수직으로 쌓아서 키우는 것으로 협소한 공간을 최대한 효율적으로 활용해 식물을 대량으로 재배할 수 있는 장점이 있다. 뿐만 아니라 컨테이너 곳곳에 탑재된 센서가 내부 온도·조도·습도·관수 상태·이산화탄소 농도 등을 탐지·분석하고, 이를 데이터화해 최적의 생육 환경을 조성한다. 이용자는 스마트폰과 PC를 통해 실시간으로 농장을 제어하고, 정기적으로 소프트웨어만 업데이트하면 간편하면서도 대량으로 작물을 재배할 수 있다.

이처럼 도심에서도 쉽게 원하는 농작물을 연중 생산할 수 있고, 관련 기술이 계속 개발되므로 관련 연구 및 직업에 관심을 가져도 좋다.

토종 종자를
보존해야 하나요?

-

종자은행은 멸종 위기를 막고 품종을 개량하기 위해 유용한 유전자를 보존하는 곳을 말한다. 세계에서 가장 큰 규모의 종자은행은 영국에 있는 밀레니엄 종자은행으로 약 2만 5,000개 식물 종의 약 15억 개가 넘는 종자가 보관되어 있다.

종자은행은 전 세계에서 멸종 위기의 식물 종자를 우선적으로 수집해 특수 제작한 저온 저장고에 보관한다. 이렇게 보관한 종자들은 무려 1,000년 동안 보관할 수 있으며, 이렇게 보관된 종자들은 필요할 때 발아시켜 식물의 멸종을 막을 수 있도록 연구해 식물을 복원하는 데 사용된다.

북극의 종자은행에도 수억 종의 식물 종자가 저장되어 있다. 이는 천재지변이나 재난, 지구온난화, 소행성의 지구 충돌, 병충해, 핵전쟁, 지진 등 지구 종말에 대비한 것으로 이 시설의 경우 지진 6.2의 강진에도 버틸 수 있도록 설계되었다고 한다.

우리나라는 토종 종자의 발굴과 보존을 위한 노력을 하고 있다. 토종은 한반도의 자연 생태계에서 대대로 살아왔거나 농업 생태계에서 농민에 의해 대대로 재배되어 내려와 한국의 기후 풍토에 적응한 동물, 식물 그리고 미생물을 말한다. 다시 말해서 우리 풍토에 적응해 대대로 살아온 고유의 자생종 혹은 재래종의 식물, 동물, 미생물이다.

농촌진흥청은 1987년 종자은행을 설립하였고, 이는 1991년에 농업유전공학연구소 유전자원과로 개명되었으며, 2008년에는 국립농업과학원 농업유전자원센터로 바뀌었다가, 2014년에 같은 이름으로 전라북도 전주로 이전하여 종자은행을 운영하고 있다. 국립농업과학원 농업유전자원센터는 종자 50만, 미생물 5만을 보존할 수 있는 초저온(-196℃) 보관시설이 완비되어 있다. 또한, 로봇입출력시스템 등 최첨단 무인 자동화 설비가 되어 있는 명실상부 우리나라 최고의 종자은행이다. 현재 이

곳은 27만 9천 자원의 유전자원을 보유하고 있다.

경기도는 2019년 11월 '토종종자은행'을 설치해 자칫 사라져갈 위기에 놓인 도내 토종 종자를 보존하고 활용할 계획을 세우고 있다. 2012년부터 시민단체를 중심으로 토종 종자 수집 및 교환사업이 진행되었지만, 전문적인 보관·저장 시설이 없어 어렵게 수집한 종자가 서로 섞이거나 분실될 위험에 처해 있었다. 또한 토종 종자를 생산하는 도내 농민들의 고령화와 후계자 부재, 빠른 도시화 등으로 토종 종자의 소멸이 가속화되고 있어 대책 마련이 시급해 경기도 종자관리소 본소에 11월 개청하였다. 토종종자은행의 총 대지면적은 2만 3,673m²로 전문적인 보관·저장 시설(저온저장고 100m²)과 전시실·검사·실험실(235m²), 육묘·증식장(3,960m²), 야외 체험장(1,200m²) 등을 설치해 2만여 점을 보관하는 보관실을 갖추고 운영하고 있다.

우리나라는 농작물뿐만 아니라 우리 수산물 자원을 보호하기 위한 수산물 종자은행도 운영하고 있다. 해수부는 황금종자 프로젝트로 넙치, 전복, 바리과, 김 등 4개 품목에 수출용 품종개발 사업을 진행하고 있으며, 갯벌참굴, 해삼, 참다랑어, 참치, 연어, 해조류, 새우, 뱀장어, 능성어, 관상어 등 양식전략품목을 정해 수산종자 사업의 발전 기반을 마련하고 있다. 또한 종자개량 및 보급을 통해 한강과 낙동강 등 풍부한 수량 확보가 가능한 5대 수계를 중심으로 지역 기반의 내수면 대표 품목 10개를 집중적으로 육성하고 있다. 대표적인 어종은 강원의 송어, 인천·경기의 붕어·참게, 경남의 재첩 등이다. 이를 활성화하기 위해 지자체

별 내수면 연구기관을 활용해 창업 교육, 시험연구, 기술 및 경영 컨설팅 등을 지원하고 있다.

종자은행의 경우 단순히 종자를 보존하고 보관하는 것에만 그치는 것이 아니라 종자를 육종하거나 생명공학 기술에 적용하는 목적으로 사용된다. 육종을 통해 새로운 품종을 개발하고 이를 통해 로열티를 내야 하는 금전적인 문제를 해결할 뿐만 아니라 종자 수출을 통한 자원외교의 틀을 마련할 수 있는 계기를 제공한다. 생명공학 기술 적용을 통해 신 기능성 유전자를 개발하여 식품이나 의약품 등에 사용되는 신소재를 개발할 수 있을 뿐만 아니라 이를 통해 부가가치를 증진하고 녹색성장을 이룰 수 있다. 이와 같이 종자은행은 단순히 종자를 보관하는 곳을 넘어서 새로운 개발의 장으로 활용된다. 따라서 관련된 학과에서 깊이 있는 공부를 한다면 충분히 경쟁력과 전망을 갖춘 관련 직업에 종사할 수 있을 것이다.

4

생활 과학의
필요성

생활 과학이란?

가정생활에서 이루어지는 인간의 활동을 분석하고 연구하는 가정학을 중심으로 과학과 융합된 학문을 말한다. 생활 과학은 영양학, 위생학을 포함하여 에너지, 시간, 자재, 금전 관리에 경영학적 마인드로 접근하는 학문 분야도 여기에 속한다.

현재 우리의 삶은 이전 SF영화에서 보던 것이 실제 구현되는 새로운 시대를 맞고 있다. 이전의 상품 생산성이나 효율성을 고려해 활용되던 과학이 이제는 삶의 질 향상을 위한 방향으로 바뀌고 있다. 당연히 생활 과학의 중요성도 점차 커진다.

따라서 이 시대의 과학은 단순히 과학적 지식을 이해하는 것만으로는 안 된다. 단순 과학적 지식을 이해하는 것뿐만 아니라 더 나아가 개인 일상의 문제와 우리 사회의 공통된 문제를 보다 합리적이고 과학적인 방법으로 해결하고자 하는 과학적 감수성이 필요하다.

이러한 변화에 발맞추어 과학기술의 응용은 생활에서의 소음, 미세먼지, 오염된 먹거리 등 우리 생활과 직결되는 사회문제 해결을 위해 쓰인다. 이를 '리빙랩Living Lab'이라고 부르는데, 즉 전문 연구자와 일반 시민이 제안과 연구 과정에 참여하는 국민 생활 연구Research and Solution Development의 '살아 있는 실험실'이다.

우리 정부도 이런 변화의 흐름에 맞춰 한국과학창의재단과 함께 일상에서 과학기술을 친근하게 느끼고, 이를 통해 삶의 질 개선을 이끈다는 문화의 조성에 힘쓰고 있다. 그 증거로 '국민생활연구' 활성화에 대한 투자와 지역 재생과 사회 혁신, 시민참여, 공동체 복원이라는 키워드를 주요 국정 과제로 제시했다. 이에 따라 대전, 성남, 제주, 포항 등 지자체가 예산을 별도로 투입해 리빙랩 프로젝트를 만들고 있다고 한다.

또한, 새 시대를 주도할 미래인재 양성도 매우 중요한 과제로 제시했다. 학교에서 배운 과학 원리를 직접 체험하는 탐구 활동을 지원하는 '청소년과학탐구반Youth Science Club' 사업이 있다. 전국 17개 시·도 청소년들이 거주하는 지역의 문제를 찾아내고, 그 해결방안을 모색하는 탐구 활동을 할 수 있게 지원하고 있다.

드론 코딩을 통한 재난구조 로봇 제작 실험(제주 도련초등학교), 학교 주변의 저수지 모니터링과 정화 활동을 통해 학교 생태지도 만들기(전북 양현고등학교)가 그 사례다. 이렇듯 청소년이 주변 환경에 직결된 과제를 직접 발굴하고, 실험·탐구를 통한 해결방안 과정을 경험하며 자연스럽게 과학적 사고에 기초하여 문제해결력을 키우도록 돕는다.

당뇨식 도시락이
출시되었다고?

–

균형 잡힌 식단은 우리의 생활에 매우 중요한 요소 중 하나다. 특히 체력의 한계까지 신체의 기능 향상을 위해 노력하는 운동선수에게는 더 중요하다. 운동선수를 관리하는 코치를 양성하는 과정에 스포츠 영양코치 자격과정이 있을 정도다. 스포츠 영양코치 자격과정에서는 무기질, 영양, 단백질, 지방, 비타민, 식약품 관련 보충제에 대해 배우고, 이를 기반으로 식단을 짜서 선수들에게 도움을 주는 일을 한다.

그런데 생활의 질이 향상되면서 운동하는 일반인이 점차 늘고, 여성의 사회 진출에 따른 간편 먹거리 요구에 따라 건강식이 필요한 인구도 많아졌다. 그 수요를 공급하기 위해 건강 식단에 근거한 음식을 매일 아침 배송해주는 업체가 많이 생겨나고 있는데 최근 5년 사이 51퍼센트 이상 성장하게 되었다. 이 건강 식단에 근거한 배송 음식을 간편식, 즉 HMR Home Meal Replacement이라고 한다.

식품공전 체계상 간편식의 범위

품목 분류	주요 품목	정의
❶ 즉석섭취식품	도시락, 김밥, 샌드위치, 햄버거 등	동·식물성 원료를 식품이나 식품첨가물을 가하여 제조·가공한 것으로서 더 이상의 가열, 조리 과정 없이 그대로 섭취할 수 있는 식품
❷ 즉석조리식품	가공밥, 국, 탕, 스프, 순대 등	동·식물성 원료를 식품이나 식품첨가물을 가하여 제조·가공한 것으로서 단순가열 등의 조리 과정을 거치거나 이와 동등한 방법을 거쳐 섭취할 수 있는 식품
❸ 신선편의식품	샐러드, 간편과일 등	농·임산물을 세척, 박피, 절단 또는 세절 등의 가공공정을 거치거나 이에 단순히 식품 또는 식품첨가물을 가한 것으로서 그대로 섭취할 수 있는 샐러드, 새싹채소 등의 식품

* 식품공전 | 「식품위생법」 제7조에 따라 식품의 제조·가공·사용·조리 및 보존 방법에 관한 기준과 그 식품 성분에 관한 규격

한 통계에 따르면, 전체 간편식 시장에서 즉석섭취식품 비중이 59퍼

센트로 가장 높은데, 즉석조리식품(35퍼센트), 신선편의식품(6퍼센트) 순으로 나타났다. 즉석섭취식품의 큰 비중을 차지하는 도시락은 편의점(40퍼센트), 도시락 전문점(30퍼센트), 외식업체(20퍼센트), 항공기 기내식(10퍼센트) 등으로 유통되고 있다고 한다. 도시락 이용에 대한 소비자 조사 결과 주로 집, 사무실에서 혼자 먹을 때(53퍼센트)였고 그 외 출장, 소풍, 회의, 단체식사 제공 등으로 나타났다.

최근에는 편의점에서 당뇨 환자를 위한 도시락도 출시되었다. 당뇨 환자는 당분과 염분이 적은 채소 위주의 음식을 섭취해야 한다. 당뇨환자 한 사람을 위한 반찬을 따로 하려면 그만큼 시간과 노력이 들어가는데, 이를 해결해줄 업체가 생겨나 건강하면서도 비교적 맛있는 당뇨식을 반(半)조리 형태로 배달하는 방식이다.

통계청이 지난해 발표한 '2016년 사망원인통계'를 보면 당뇨는 암(癌), 심장 질환, 뇌혈관 질환 등에 이어 사망 원인 6위다. 국민건강보험공단은 국내 당뇨병 환자 수를 270만 명(2016년 기준) 정도로 추산한다. 의학계는 당뇨 확진 전 단계인 고위험군까지 포함한 국내 당뇨 위험 인구를 1,000만 명 이상으로 보고 있다.

앞으로 단순히 당뇨식을 제공하는 것을 넘어 점차 건강한 음식 문화를 전파하는 시장이 형성되어 관련된 인력이 필요할 것이다. 이에 따라 식품영양학과, 가정학과, 식품공학과, 생활과학과 등에서 관련된 연구를 통해 새로운 식문화를 이끌어나가야 한다.

애슬레저룩이
점령한 도심

-

이전의 소비자는 선호하는 브랜드 매장에 직접 방문해 자신이 원하는 제품을 직접 보고 구매했다. 그러나 현재는 소셜미디어를 통해 셀럽이 추천하거나 인플루언서가 대신 입어보는 간접 체험이 패션 상품 구매의 주요 통로가 되었다.

소비자는 패션 제품의 원자재, 생산지에 따른 인건비 등 다양한 정보를 바로 얻는다. 소셜미디어를 중심으로 소비자들에게 해당 제품의 비용이 합리적으로 책정되었는지 확인하고 옷을 구매하는 트렌드가 형성되고 있다.

상품의 생산 과정부터 가격 결정까지 모든 과정을 낱낱이 공개하고, 온라인 유통을 고수하며, 광고와 마케팅 비용을 최소화해 상품 가격을 낮추어 기존 의류업체보다 절반 정도 저렴하게 판매하면서 크게 성장한 회사가 늘어나고 있다.

시대와 유행의 변화 속에 데님^{denim} 스타일이나 섹시한 남성·여성미를 두드러지게 강조하던 유행이 점차 사라지고, 편안하고 건강하며 자연스러움을 추구하는 흐름이 의류에도 반영되고 있다.

이에 따라 운동복과 일상복을 겸할 수 있는 애슬레저^{athleisure} 상품이 급성장하고 있다. 특히 20~30대 젊은 층은 오로지 남에게 보여주기 위한 불편한 옷을 입기보다, 편안하고 기능성 있는 옷을 찾기 시작했다.

에버레인 '롱-슬리브 박스-컷 포켓 티'의 투명한 원가 | **자료·에버레인**

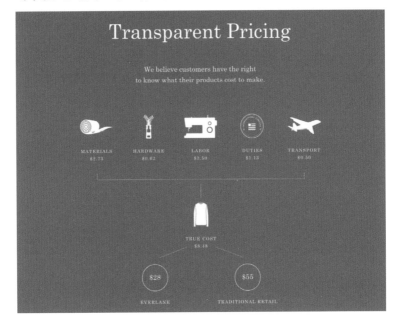

애슬레저룩은 '애슬레틱athletic'과 '레저leisure'를 합친 말로, 스포츠웨어와 일상복 경계를 넘나드는 가벼운 스포츠웨어다. 일상에서 흔히 보는 조거팬츠, 어글리슈즈, 쇼트타이츠(딱 붙는 반바지)가 모두 애슬레저 의류다.

브랜드 간 협업 제품도 인기다. 아디다스는 일본 브랜드 미쏘니와 협업해 울트라부스트 러닝화를 한정판으로 선보였다. 나이키도 일본 브랜드 언더커버와 협업해 해마다 한정판 러닝복 라인 '나이키×갸쿠소우 컬렉션'을 출시한다.

계절에 상관없이 미세먼지가 점점 심해지고, 감염병의 유행에 따라 '실내 운동족'이 늘고 있어 애슬레저 의류에 대한 수요가 꾸준히 상승할 것으로 예상된다. 생활과 환경의 변화에 따른 새로운 트렌드를 분석하고 이에 알맞게 상품을 출시할 수 있는 의류학과, 의상학과 등의 인력이 필요할 것이다.

사람 체온을 조절하는
스마트 의류
-

구글은 청바지로 유명한 리바이스와 함께 똑똑한 청재킷, '커뮤터 트러커 재킷Commuter Trucker Jacket'을 내놓았다. 구글의 '자카드(스마트폰과 연계된 의류를 만들 수 있도록 해주는 플랫폼)' 기술을 리바이스의 전도성 소재 데님 원단에 결합한 기술이다.

다시 말하면 센서 역할을 하는 천에 전류를 흘려 사용자의 행동을 읽을 수 있게 만든 제품이다. 즉, 전도성 있는 섬유로 옷을 만들었다고 이해하면 쉽다. 왼쪽 소매에 구리 소재의 전도성 물질이 삽입되어 있고, 단추처럼 생긴 블루투스 태그가 붙어 있어 스마트폰을 굳이 꺼내지 않아도 조작할 수 있다.

구글 - 리바이스의 주요 공략 수요층은 자전거를 타고 통근하는 사람들이다. 이 재킷을 입으면 옷감을 터치하거나 문지르는 동작만으로 스마트폰 사용이 가능하다. 바로 옷감이 터치패드 역할을 하는 것이다. 또 자전거를 타면서 길 안내를 받을 수 있다. 스마트 시계가 재킷에 녹아든 듯한 느낌이라고 생각하면 된다.

세탁은 어떻게 할까? 소매에 있는 태그를 떼어내고 나머지 재킷을 일반 데님 재킷처럼 물빨래하면 된다고 한다. 옷이 구겨지거나 마구 던져도 성능에 별 문제가 없다.

국내 아웃도어 브랜드 블랙야크에서는 등판 안쪽에 발열섬유를 넣고 그 섬유에 전원을 공급해 열을 내는 야크온H 제품을 출시했다. 패딩 안쪽 마그네틱 커넥터에 휴대용 장치heating control를 부착한 후 블루투스로 스마트폰 앱과 연결하면 간편하게 온도와 습도를 조절할 수 있다. 패딩 안에 공기를 가둬 온기를 살리고 외부 냉기를 차단하는 '에어탱크Air Tank' 기술을 함께 적용해 재킷 속 따뜻한 공기를 오래 유지한다. 또 GPS 기반의 휴대용 장치로 사용자가 있는 장소의 날씨 등을 파악해 온도를 알맞게 조절한다.

이 밖에 자가 충전 의류인 '태양광 셔츠Wearable Solar Shirt'도 있다. 이 셔츠에는 120개의 얇은 태양광 셀이 부착되어 있다. 옷을 입고 햇빛을 받으며 걸으면 스마트폰이나 각종 모바일 기기를 상당량 충전할 만큼의 전기가 생산된다. 이동식 태양광발전기인 셈이다. 볕이 좋은 날에는 약 1~1.5와트의 전력을 생산해 셔츠 앞주머니의 배터리에 전기를 저장해서 사용이 가능하다. 특히 이 셔츠는 태양광 셀이 빛을 발산하도록 만들어졌다. 이 셀은 브로치처럼 셔츠를 더 고급스럽도록 돋보이게 해준다.

미국 육군과 환경의학연구소는 여기에 '경량화 환경 조절 시스템 LWECS' 기술을 적용해 냉각 시스템이 내장된 조끼 형태 군복을 만들었다고 한다. 내장 배터리에서 공급되는 전력으로 냉각 액체가 순환되면서 군인의 체온을 안정적으로 조절해주는 기능성 옷이다. 정글 같은 고온다습한 환경에서 싸울 때 매우 유리하다.

미국 듀퐁사도 내염성 섬유 노멕스Nomex를 개발했다. 이 섬유는 마모되거나 녹지 않고 열에 노출된 후에도 피부를 보호하기 때문에 소방서나 군대에서 광범위하게 사용되고 있다.

역시 미국의 육군나노기술연구소ISN는 광섬유 센서optic fiber sensor로 의복을 만들었다. 병사가 상처를 입으면 체온 변화로 감지되는 신호가 오거나 연막이나 어둠이 깔린 전장에서 목소리를 인식하는 방법으로 아군에 대한 화기 오발 사고를 예방할 수 있는 '사격 금지' 신호를 내보낸다. 이 스마트 섬유 군복은 곧 미군 특수부대원에게 지급될 예정이라고 하니 매우 신기하다.

이외에도 IT 기술을 기반으로 각종 비즈니스 업무를 도울 수 있는 제일모직의 남성복 슈트 2.0과 블랙박스 기능을 내장해 조난 시 긴급 신호를 송출하는 코오롱스포츠의 아웃도어형 스마트웨어인 라이프텍 재킷, 숙면을 취하게 해주는 언더아머의 스마트 잠옷 등이 개발되면서 스마트 의류 영역은 점점 확장되고 있다.

스마트워치처럼 손목에 차는 것을 넘어 입는 디바이스가 패션 제품으로 자리매김하면서 스마트 산업에 새로운 활력을 불어넣고 있다. 과학을 더한 스마트 의류를 입고 스마트함을 뽐내는 시대가 온 것이다.

스마트 의류는 다양한 기능을 포함하지만, 특히 인체의 변화와 상태를 체크해주는 의료 기능도 들어가는 것을 확인할 수 있다. 스마트 의류와 의료용 데이터를 축적한 시스템이나 인공지능의 활용은 앞으로 매우 흥미진진한 분야가 아닐 수 없다.

곧 영화에서 보던, 전신이 마비된 사람이 스마트 슈트를 입으면 걸을 수 있는 그런 시대가 오지 않을까? 스마트 슈트로 인해 보강된 생체에너지를 증강시켜 일반 사람보다 월등한 신체 능력을 뽐내는 그런 것 말이다. 슬쩍 기대심이 생긴다.

앞으로는 새로운 섬유를 개발한 것을 활용해 멋지게 디자인하여 널리 보급할 수 있는 패션디자인과, 패션코디네이션과, 의류학과, 섬유디자인학과, 섬유공학과 등에서 기술을 접목할 수 있는 능력을 소지한 인재가 필요할 것이다.

5

수학·물리·천체·지구과학의 돌파구

스티븐 호킹처럼

-

영국 물리학자 스티븐 호킹 박사는 지구의 자원 고갈과 인류 종말을 가져올 여러 위협을 감안할 때 인류가 살아남으려면 반드시 우주로 진출해야 한다고 주장했다. 또한, 〈마션〉과 같은 영화에서 인류는 지구를 넘어 머지않은 미래를 예측하고 대비할 필요가 있다고 암시하기도 한다.

호킹 박사는 인류가 1962년 쿠바 미사일 위기처럼 인류의 존재 자체를 위협하는 사건에 더 많이 직면할 것이라며 "우리는 인류 역사에서 점차 위험한 시기로 접어들고 있다"라고 경고했다. 또 "우리의 인구와 지구의 유한한 자원 사용은 기하급수적으로 증가하고 있다. 지구가 다음 1,000년이나 100만 년은 제쳐두고 다음 100년간 인류 절멸의 재앙을 피하기도 어려울 것"이라고 전망했다. 달걀을 한 바구니에 담지 말라는 말이 있듯이 한 행성에 모든 생명체를 담아둔다면 멸종할 수 있기에 지구에만 머무르지 말고 우주로 뻗어 나갈 것을 역설한 것이다.

그는 또 태양의 팽창에 따른 지구의 온도 상승으로 약 76억 년이 채 되지 않아 지구상의 수분이 증발해 모든 생명체가 사라질 것으로도 예상했다. 초신성, 소행성이나 블랙홀 등이 지구 가까이 다가와 인류를 끝장낼 가능성도 항상 있다. 따라서 미래에는 지구에서 인류가 살지 못할 수 있기에 우주로의 진출을 진지하게 고민할 필요가 있다고 제안했다.

현대에 이르러 과학기술의 발전이 지금까지 인류가 겪어온 어떤 변화보다도 빠르게 진행되고 있다. 이러한 변화는 사람이 새로운 환경에 적응하는 속도보다 빨라서 과학의 발전을 불안한 눈으로 바라보게 만든다. 특히 최근에는 환경오염과 자원고갈 문제와 지구환경 파괴의 위험성이 심각하게 거론되자, 과학의 발전을 부정적인 시각으로 바라보는 사람도 많다.

과학을 인간의 삶을 위협하는 위험한 것으로 보는 시각도, 과학이 모든 문제를 해결해줄 것으로 생각하는 낙관적인 시각도 옳지 않다. 과학을 어떻게 볼 것이냐 하는 문제에 대해 올바른 해답을 찾기 위해서는 과학이 무엇인지 좀 더 정확하게 이해해야 한다고 생각한다.

우리나라는 기본적으로 기초과학이나 생명과학에 대한 인식이 부족했고, 그에 따라 이들 분야에서 담당해야 할 역할과 책임에 대한 논의가 거의 없었다고 생각한다.

기초, 생명과학은 21세기의 학문으로 손꼽힌다. 유능한 인재들이 모여 생명의 신비로움을 밝히는 데 기여할 부분이 많은 학문이다. 이 분야에서 성과가 생긴다면 현재 자연환경의 해명과 오염 문제에 대한 해결 방법, 식량자원의 확보, 노화 예방과 건강하게 사는 문제 등을 스티븐 호킹처럼 먼저 내다보고 예측하는 일이 가능하지 않을까 생각한다.

세상을 바꾸는
물리학

–

뉴턴이 완성한 근대 물리학은 거시적 물리의 세계를 거의 완벽하게 설명했다. 뉴턴역학을 통해 행성의 운동에 대한 케플러법칙, 세차운동이나 밀물과 썰물의 원리까지 설명이 가능하다. 이후 천체역학을 비롯해 자연의 현상을 뉴턴역학의 기본 원리를 이용해 수학적으로 설명하려는 시도가 진행되면서 뉴턴역학은 정교한 수학적 체계를 갖추기도 했다.

자연과학이 다루는 영역의 확대와 분석이 세밀해지면서 완벽해 보이던 뉴턴역학에서도 오류와 한계가 보이기 시작했다. 흑체 복사나 수성의 근일점 이동처럼 뉴턴역학이 설명하지 못하는 현상이 있었고, 다시 특수상대이론과 양자역학이 나왔다. 뉴턴역학은 천천히 움직이는 거시적인 물체에 대해서만 정확하고, 빠르게 움직이는 물체에는 상대론이 필요하고, 미세한 물질을 기술하려면 양자역학이 필요하다는 사실이 밝혀졌다.

양자역학은 상대성이론, 정보이론, 분자생물학과 함께 과학 발전의 획기적인 일이다. 양자역학은 원자와 전자 등 아주 작은 미시 세계에서만 일어나는 현상이다. 이를 컴퓨터에 넣으면 0과 1(비트)이 아니라고 한다. 동시에 0과 1의 상태를 구현하는 큐비트qubit, quantum bits를 통해 기존 디지털 컴퓨터를 뛰어넘는 엄청난 속도로 자료를 처리하고 전송한다. 따라서 AI 연구, 신약 개발, 금융 모델링, 우주 원리 등 복잡한 연구를 양자 컴퓨터로 해결하는 연구가 이어지고 있다.

양자 컴퓨터 시대에는 어떤 일이 가능해질까?

구글이 가장 강력한 슈퍼컴퓨터(IBM 서밋)에서 약 1만 년이 걸리는 연산을 단 200초 만에 해결하는 양자 컴퓨터 기술을 구현했다는 기사가 발표된 적이 있다. 이 기사 때문에 지금의 완벽한 암호 체계가 무너질 것이라는 우려로 비트코인 등 블록체인 화폐의 가치가 한때 폭락하기도 했다.

전문가들은 슈퍼컴퓨터를 뛰어넘는 양자 컴퓨터가 세상에 나오려면 몇 십 년이 걸릴 것으로 예상한다. 이미 여러 회사에서 양자 컴퓨터를 개발 중이다. 물리·화학이 융합된 실험을 시뮬레이션하려면 힘·분자·입자 등이 복잡하게 상호작용하는 화학 반응을 연산 처리해야 하는데, 양자 컴퓨터는 기존 컴퓨터와 비교할 수 없을 정도로 빠르게 해낼 수 있다고 한다. 아마도 이제껏 과학이 설명하지 못한 자연현상을 시뮬레이션해보일 도구가 될 것이다.

양자 컴퓨터가 도입되면 제약업계에서 신약 개발을 하는 데 있어 다양한 방식의 단백질 접힘과 입체적인 구조를 파악해 화학물질 구조에서 최적의 물질을 쉽고 빠르게 찾도록 도와줄 것이다. 여러 이점이 있는 양자 컴퓨터를 개발하기 위해 구글과 마이크로소프트에서 연구 커뮤니티를 만들어 연구 중이라고 한다. 양자 물리학이 세상을 바꿀 날이 곧 오는 것이다.

4차 산업혁명의
중심에 선 수학

-

많은 사람들이 학창시절에 자신을 괴롭힌 가장 나쁜 과목으로 수학을 꼽는다. 그만큼 우리나라 사람들에게 수학은 힘든 과목이며, 왜 배우는지 잘 모르는 과목이지만 좋은 대학을 가기 위해서 꼭 해야만 하는 필수 과목이다. 이는 최근 교육부에서 발표한 2019년 초·중·고 사교육비 현황 보고서를 살펴봐도 쉽게 알 수 있다. 전체 사교육비 21조 원 중 수학에 사용된 사교육비가 5조 8천억 원으로 전체 28퍼센트를 차지하고 있다. 물론 공부하는 시간도 다른 과목에 비해 많다. 하지만 수학은 많은 학생들이 공부하는 데 가장 많은 시간을 투자하지만 효과를 얻지 못하는 과목으로 인식되고 있다. 그래서인지 아직도 많은 사람들이 수학은 단순히 기초학문이어서 실생활에서는 거의 활용될 일이 없다고 생각한다.

그렇다면 수학을 배우고, 수학을 전공하는 것이 더 이상 필요 없는 것일까?

이에 대한 대답은 2019년에 일본 정부가 발표한 '수리자본주의의 시대 : 수학의 힘이 세상을 바꾼다'라는 보고서에서 찾을 수 있다. 이 보고서에서 "인공지능, 빅데이터, 사물인터넷 등 4차 산업혁명을 주도하기 위해 필요한 것은 첫째도 수학, 둘째도 수학, 셋째도 수학"이라고 강조하고 있다. 수학을 "4차 산업혁명 시대에 일어날 파괴적 혁신을 일으킬 보편적이고 강력한 도구"라고 말하며 4차 산업혁명의 리더가 되기 위해 수학에 집중적으로 투자하겠다는 것이다. 미국은 이미 수학의 중요성을 깨닫고, 수학을 전공한 사람들을 최고로 대우해주고 있다. 2014년에 미국 최고의 직업 1위에 수학자, 3위에 통계학자, 4위에 보험계리사 등 수학을 전공한 직업이 10위 내에 다수가 선정되었을 정도다. 지금도 꾸준히 10위권 안에 있다는 것만 봐도 우리나라와는 사회적 대우가 다르다는 것을 알 수 있다. 하지만 우리나라에서도 여러 분야에서 응용수학자들의 활약이 눈에 띄고 있는 것을 보면 변화의 조짐이 보이고 있다.

수학을 좀 아는 사람들이라면, 수학자로서 다른 분야에서 성공한 가장 대표적인 사람을 뽑으라면 주저하지 않고 제임스 사이먼스James Simons를 뽑을 것이다. 그는 수학을 전공하고 하버드대학교에서 수학과 교수로 재직하기도 했지만 40대에 교수직을 그만두고 자신이 만든 이론을 적용해보고자 금융계에 뛰어들었다. 그는 계량 분석을 이용한 펀드를 만들어 2014년 미국 경제전문지 포브스가 선정한 전 세계 부자 순위 88위에 오를 만큼 엄청난 돈을 벌었다. 그는 자신의 성공 비결을 묻는 사람들에게 수학을 전공한 것이 비결이라고 자신 있게 이야기한다. 더 나아가 그는 수학은 주식 시장뿐만 아니라 구글과 같은 정보통신, 물리, 생물, 화학 같은 기초과학에도 응용할 수 있는 중요한 학문이라고 이야기하고 있다.

대학에서 수학을 전공하고 스탠퍼드대학교에서 컴퓨터공학을 공부하던 세르게이 브린Sergey Brin은 인터넷의 방대한 정보를 검색했을 때 그 결과가 나오는 순서에 대해서 궁금증을 가졌다. 그리고 그는 래리 페이지Larry Page와 함께 "어떤 웹페이지가 중요한 페이지인가?"라는 질문에 대해 꾸준히 고민하면서 사람들이 원하는 정보를 보여줄 방법에 대해 찾기 시작했다. 그 해결책으로 제시된 것이 바로 수학적인 검색 기법인 '페이지랭크'이다. 페이지랭크는 논문의 경우 인용횟수가 많을수록 신뢰도가 높고 영향력이 높다는 것과 웹페이지들은 서로 링크되어 있다는 것을 토대로 웹페이지의 내용을 살펴보지 않고도 링크가 많이 된 페이지에 높은 점수를 매기는 방식을 수학식으로 구현한 것이다. 이 페이지랭크를 바탕으로 지금의 구글을 탄생시켰다. 구글이라는 이름도 10의 100제곱을 뜻하는 '구골'을 변형해서 만들었다고 한다.

우리나라에도 수학을 전공하고 타 분야에서 성공한 사람들이 있다. 여기에서는 두 가지 분야에서 성공적인 활동을 하고 있는 분들을 소개해보고자 한다. 먼저 소개할 분은 수리생물학이라는 생소한 분야를 이끄는 두 수학자인 김재경 교수와 심은하 교수다. 카이스트 수리과학과에서 학생들을 가르치고 있는 김재경 교수는 생물학에서 60년간 난제로 여겨진 생체시계의 원리를 수학의 미분방정식을 이용한 수학적 모델링을 통해 증명했다. 김재경 교수의 경우 학부에서 수학을 전공한 것이 수리생물학자가 되는 데 큰 도움이 되었을 뿐만 아니라 생물학에 산재한 여러 가지 문제를 해결하는 데 큰 도움이 된다고 말한다. 수학적 모델링을 기반으로 한 연구로 영국의 백신 정책 수립에 기여한 숭실대학교 심은하 교수는 현재 생물 현상을 수리적으로 접근해 분석하고 모델링하는 수리생물학분야에서 감염병 관련 연구를 진행하고 있다. 이는 감염병이 확산되는 과정을 관찰하고 그 중재 방안을 찾아내는 데 수리생물학을 적용한다. 심은하 교수 역시 수학을 전공한 것이 감염병 확산 모델링에 큰 도움이 된다고 이야기하고 있다.

다음은 수학과 박사로 일본 홋카이도대학교 의대 교수로 재직 중인 이효정 교수다. 이효정 교수는 최근 의학 분야에서 수학적 모델을 융합한 연구가 활발하게 이루어지는 과정에서 감염성 질병에 대한 수학적 모델과 시뮬레이션을 연구할 목적으로 의대 교수로 임용되었다. 이를 바탕으로 전염성 감염 경로와 확산 추이 예측 및 관련 정책수립에 대한 연구를 하고 있다.

아직 우리에게 생소하지만 수학을 전공한 다양한 전문가가 나타나고 있으며 이러한 전문가들이 4차 산업혁명을 이끌어나갈 리더가 될 것이다.

사회가 점점 발전되고 세분화되어 가는 과정에서 전문적인 분야에서 수학을 전공하는 사람들을 필요로 하는 일이 급속도록 증가하고 있다. 미래에는 더욱 그 필요성이 증가할 것이라 생각한다. 이러한 발전을 주도하는 것은 응용수학자 또는 수학을 전공한 전문직업인들일 것으로 예상된다. 다보스포럼 미래고용보고서에서도 "4차 산업혁명 인재의 핵심 역량은 수학적 사고"라며 새로 태어날 미래 직업 200만 종 중 41만 종을 수학 관련 직업이 차지할 것이라고 예상했다.

많은 돈을 벌고 싶다면, 4차 산업혁명과 관련된 분야에서 성공하고 싶다면, 수학을 전공해보는 것은 어떨까?

3부

의학·생명·자연과학 계열
직업인이 되는 완벽한 대비

1

초·중·고에서 미리 준비하면
좋은 것들

의학·생명·자연과학 계열을 희망하는 학생들은 일반적으로 수학과 과학을 좋아하며, 초등학교부터 발명대회나 자연관찰탐구대회, 탐구토론, 탐구대회 등을 통해 자신이 궁금한 문제에 대한 해답을 스스로 해결하는 경향을 보인다. 이런 학생들은 보통 창의력이 뛰어난 경우가 많다.

의학·보건 계열을 희망하는 학생들은 일반적으로 수학, 과학뿐만 아니라 다른 사람의 이야기를 들어주고 상담하는 능력까지 요구된다. 그래서 서울대학교 의과대학에서도 공부는 기본이고 인성이 된 학생들을 선발하는 경향이 있어 다면면접MMI, Multi Mini Interview을 통해 이를 검증하고 있다. 따라서 공부는 기본이고 인성까지 겸비한 학생이 되어야 그 일을 잘 수행할 수 있다.

창의성은 새롭게 만들어내는 것만을 의미하지 않는다. 우리가 하는 일을 창의적으로 좀 더 나은 방향이나 모양으로 만드는 것을 의미하며, 창의성과 지능은 항상 불가분의 관계는 아니다. 창의적인 사람이 대체로 머리가 좋은 것은 사실이기도 하나, 머리가 좋은 사람이 반드시 창의적이지도 않다. 생활에서 작은 문제라도 새롭게 발견할 수 있으면 그게 창의성이다. 창의성은 바로 현재 발견한 문제에 대해 가능한 새로운 대안을 찾는 과정이라 할 수 있다.

초등학생 때부터 창의적으로 사고하는 능력을 기르기 위해서는 프로젝트 중심 교육PBL, Project Based Learning이 중요하다. 학생들 중심으로 문제를 해결해나가는 과정을 통해 서로 배우고 성장해나갈 수 있다. 이는 1950년대 중반 캐나다의 한 의과대학에서 개발되어 의사들이 환자들의 상태에 대해 정확한 진단을 내리기 위해 기본 지식뿐만 아니라 가설을 세우고, 가설 검토를 위한 자료 수집, 자료 분석, 자료 종합, 최종 진단과 처방과 같은 복잡한 문제해결 능력을 키우는 방법으로 도입되었던 것으로 현재 다양한 분야에서 활용되고 있다.

창의적인 학생들의 특징은 이렇다.

첫째, 체력적 에너지가 있지만 스스로 조절하며 균형과 안정을 유지한다.

둘째, 영리해 보이지만 매우 순수한 시각으로 문제를 바라보며 새로운 생각을 한다.

셋째, 아이디어가 떠오르면 직접 실행해보고 경험하는 적극적인 태도를 보인다.

넷째, 자신의 재능만을 믿거나 재능 없음을 탓하지 않고 끊임없이 노력한다.

다섯째, 예민한 감수성을 보이며 어려움을 이겨나가는 자질이 매우 우수하다.

요약하면, 창의적인 학생들은 긍정적이고 적극적인 태도를 보이며 문제를 다양한 시각에서 이해하고 접근하는 폭넓은 사고를 한다는 것이다. 창의적인 사고 능력을 키우는 방법은 어떤 것이 있을까? 다음에서 살펴보자.

질문하는 능력	판단을 유보하고 통제하는 능력
• 자신에 대한 것이나 주변 사람에 대한 관심을 가지고 질문하기 • 사소한 것도 호기심을 가지고 관찰하고 질문을 만들어보기 • 당연한 사실도 "왜 그럴까" 다시 생각하기	• 성급한 판단을 하지 않도록 판단을 늦게 내리기 • 아이디어를 제시할 수 있는 다양한 방법을 사용해서 알아보고 마지막까지 더 생각해본 뒤 판단하기

유창성, 독창성, 정교성, 융통성 개발	문제와 범위를 확대, 재생산하는 능력
• **유창성** · 물건을 새롭게 사용하는 방법/생각 • **독창성** · 아무도 생각하지 못한 아이디어 • **정교성** · 아이디어를 세밀하게 만들기 • **융통성** · 관계없는 것에서의 관련성 찾기	• 어떤 문제에 대해 한계를 두지 않고 오히려 확대시키기 • 위험 감수를 격려하고 새로운 아이디어 인정해주기

문제를 조합하고 시각화하는 능력

• 이전 방식의 문제해결법과 다른 방식을 조합하기
• 상상하여 느껴보기
• 생각한 것을 시각화하여 나타내기

다른 시각으로 보는 능력

• 같은 모양이나 현상을 다양한 시각으로 생각해보기
• 거꾸로 해보기
• 다른 사람의 입장에서 다시 해보기

이들은 중학교에 들어가서도 수학, 과학에서 우수한 성적을 유지해 영재학교나 과학고로 진학한다. 최근에는 특목고에서 의대 진학을 제한하고 있어 과학중점고등학교나 일반고에서 최상의 교과 성적을 유지하면서 과학탐구 활동과 함께 관련된 전공을 심화하는 활동을 한다. 또한, 이들은 자신이 좋아하는 실험 및 탐구 활동을 즐기면서 학교 활동에도 열정적으로 임한다.

초등학교에서 창의적 사고력을 기르는 활동을 한다면 중학교에서는 관련 독서 활동을 해보는 것을 권장한다. 독서를 많이 하면 기본적인 언어 능력이 형성되므로 학습을 빠르고 효율적으로 할 수 있게 해준다. 책을 통한 간접경험이 풍부해지면 새로운 상황에서 문제를 해결하는 능력이 발휘된다. 독서 활동 자체가 눈으로 글을 읽으면서 머릿속은 그것을 상상하며 이해하는 활동이므로 사고력 향상에 큰 영향을 미친다.

요즘에는 '양손잡이형 인재'가 의학·보건 계열에 유독 많다고 한다. '양손잡이형 인재'란 인문사회적 소양과 이학적 소양을 두루 갖춘 학생을 말한다. 다가올 4차 산업혁명의 시대에서는 단순한 문제해결형 인재보다는 융합적 소양을 갖춘 인재를 찾을 것이다. 이러한 변화는 이미 진행 중이다. 일부 회사는 인문계 대졸자를 소프트웨어 엔지니어로 육성하고 있다.

중학교의 교육과정 중 실시되는 '자유학년제'를 적극 이용하는 것도 좋다. 자유학년제는 학생들이 시험을 위한 공부가 아니라 자신의 소질과 적성에 따라 관심 있는 분야를 과학관이나 대학병원에서 탐색함으로 즐겁게 공부하고, 이를 통해 나중의 직업 선택까지 이어지도록 하는 목적으로 만들어진 과정이다. 학생들은 자유학년제 동안 자유롭게 진로를 탐색할 수 있다. 자신이 희망하는 동아리에 가입하거나, 새로 만드는 활동은 자연·의학·보건 계열을 위한 감수성을 기르는 좋은 계기가 될 것이다.

2

의학·생명·자연과학 계열의
직업 종사자에게 듣는 직업 이야기

응급구조사로 일하는 J 선배

-

'구급차'는 어떤 일을 하나요?

구급차는 크게 두 종류야. 소방서에서 관리하는 '119구급
차'와 민간업체가 운영하는 '민간구급차'지. 119구급차는
환자를 가장 가까운 병원으로 긴급 이송하는 역할을 한다
면, 민간구급차는 수술·치료가 필요한 환자를 하급병원에

서 상급병원으로 옮기는 일을 맡는 경우가 많단다. 우리나라에서는 민간구급차에 대한 인식이 좋지 않은 경우가 많아.

환자 때문에 긴급하게 출동하면 잠도 잘 못 자고, 건강을 해칠 거 같아요.

맞아. 아내의 지지가 없었다면 응급구조사로 계속 일하기 어려웠을 거야. 어떤 날은 하룻밤에 11번 출동한 적도 있어. 아내는 대학병원에서 간호사로 일하다가 다른 일을 하는데, 주말에는 도와줘서 더 오래 일할 수 있었어.

응급구조사 일을 하시면서 가장 기억에 남는 일이 있으세요?

아들 결혼식에 참석하기 위해 구급차를 부른 말기 암 환자가 있었어. 예식장에서 2시간만 있을 수 있는지 문의를 하시더구나. 오죽하면 이렇게라도 가고 싶으실까, 너무 안타까워서 도와드리기로 했지. 예식장에서 사진까지 찍고 다시 구급차에 오르니 환자의 산소포화도가 80퍼센트(95퍼센트 이상이 정상)까지 떨어져 있었어. 급히 마스크로 산소를 공급해드리는데, 그 와중에도 자식 자랑을 하시는 걸 보고 눈물이 핑 돌았지. 아픈 와중에도 자식을 생각하는 아버지를 보니 내가 그 자리에서 도울 수 있다는 게 큰 축복 같았어.

마지막으로 하고 싶은 말씀이 있으신지요?

가끔 민간구급차라는 이유로 길을 비켜주지 않는 일이 있어. 아무리 사이렌을 울려도 길을 터주지 않는 자동차들이 많이 있거든. 그럴 땐 너무 속상해서 가슴이 터질 것 같아. 응급환자는 1분 1초가 급한데 말이지. 구급차가 지나갈 때

> 꽉 막힌 도로가 쫙 갈라지는 풍경이 더는 기적이 아닌 상식
> 이 되었으면 해.

동물용품을 만든 수의사 P 선배

수의사는 동물을 치료하는 직업으로 알고 있는데, 고양이용
품을 만들게 된 이유를 알고 싶어요.

큰 병원에서 수의사 트레이닝을 시작했었어. 그런데 사람
들의 질문이 동물들의 이상 행동에 대한 것이었어. '얘가 똥
을 먹어요', '너무 짖어요' 이런 거 말이야. 그런데 수의사들
도 이 분야에 대해 잘 모르거든. 그러니 두루뭉술하게 방어
적으로 대답할 수밖에 없었단다. '이런 게 바로 동물행동학
이구나'라고 생각했어. 그래서 동물행동심리를 배워서 그
에 맞는 의료 서비스를 제공하고 반려용품도 만들면 좋겠
다고 생각했지.

반려동물에게서 특정 행동을 유도하려면 어떻게 해야 해요?

만약, 클리커를 이용해 '달칵' 소리를 들려주고 보상을 하면
반려동물들이 소리와 보상을 연관 지어 학습하게 되지. 클
리커는 감정이 없는 도구라서 반복 학습을 시키기에 유용
해. 동물은 말보다 행동으로 교육했을 때 더 효과적이야. 사
람의 감정이 담긴 목소리는 리액션으로 받아들여서, 동물
흥분하게 만들거나 교육할 타이밍을 놓치게 해.

저도 동물을 좋아하는데요, 그게 수의사가 되는 데에 도움이 될까요?

그럼! 당연하지. 무엇보다 좋아하는 일을 하는 게 우선이란 다. 다만 맹목적인 사랑보다 동물을 이해하고 그걸 배려하는 것이 더 좋지 않을까 해. 수의학과 동물행동학을 같이 전공하면 수의사로서 동물을 돌보는 데 도움이 될 거야.

마지막으로 하고 싶은 말이 있으신지요?

수의사는 아픈 동물을 돌봐야 할 사람이라는 오해가 있어. 단순히 '아픈 동물을 치료하는 사람'이라고 정의하는 순간 수의사는 그저 동물을 치료하는 '기술자'일 뿐이야. 하지만 수의사를 동물 분야 최고 전문가로 여긴다면 수의사가 할 수 있는 일은 엄청나게 많아지지. 한 분야에 깊게 빠지는 사람이 있다면, 반대로 넓고 포괄적으로 보는 사람도 필요하다고 생각해. 네가 수의학이 하고 싶다면 구체적으로 무엇을 하고 싶은지 그것을 생각해서 목표를 설정해 봐. 그게 중요해.

사람에 관한 공부를 하라는 의학박사 H 선배

-

의대를 희망하는 학생들에게 해주고 싶은 말이 있나요?

사람들은 대부분 의사는 질환에 대해서만 공부하는 것으로 생각해. 그것이 당연한 줄 알고 있지. 그 질환에 대한 '기초의학'이나 '배경지식'은 사실 의사라는 직업의 일부분일 뿐이야. 실제로 의사는 환자와 만날 수밖에 없는 직업이기 때문에 환자와의 커뮤니케이션, 공감도 매우 중요하단다. 의학은 그냥 책을 보고 공부하면 되지만, 환자들과 어떻게 공감하고 함께 치료를 진행할 것인가에 대한 방법은 아무도 가르쳐주지 않아. 이 부분이 더 중요하지.

 그럼 어떤 공부를 더 하면 좋을까요?

좋은 의사가 되려면 먼저 공부를 열심히 하는 것도 중요하지만, 사람에 대한 이해, 사람에 관한 공부를 하는 것이 더 중요하지 않을까 생각해. 그래서 철학, 심리, 문학과 같은 인문학 공부를 하라고 얘기해주고 싶어. 사람을 잘 이해하지 못하면 그 질환을 더 이해하기 힘들거든.
미국은 환자와의 커뮤니케이션, 환자에게 접근하는 법, 말하는 법을 따로 교육한다고 해. 심지어 간호사, 초음파사의 학부과정에도 그런 과목이 들어있어. 미국에서 CT 초음파 자격증을 따려고 시험공부를 하는데 그런 과목들도 있어서 아주 재미있게 공부했었어. 그런데 아직 우리나라는 없어서 아쉽네.

 의대를 진학하려는 학생에게 해주고 싶은 당부가 있으세요?

의사가 되기 위해서는 무엇보다 공부를 열심히 하고, 사람을 이해하기 위한 공부도 잊지 말자. 사람에 관한 공부를 하면, 자신도 성숙해지지. 의대를 희망하는 학생들, 모두 원하는 꿈을 이루길 희망해요. 힘내세요!

3

어랏, 그게 아닌데.
의대생에 대한 잘못된 상식과 오해

사람들은 보통 의대생이면 앞으로 돈 많이 벌고 행복한 일만 있으리라고 생각한다. 하지만 의대 입학은 시작일 뿐이다. 병원에서의 성적, 국가고시 성적과 의대 성적으로 레지던트 전문의과정을 이수해야 하는 등많은 일이 남아 있으며 성적과 다양한 업무 능력과 대인관계 능력까지다방면으로 관리해야 하므로 쉼 없이 달려야 한다.

병원의 잡역부 역할을 하는 인턴은 새벽에는 병동의 환자를 다 파악하고 이를 깔끔하게 정리해서 아침에 출근하는 레지던트 1년 차에게 브

리핑해야 한다. 또한, 인턴은 아침 6시부터 하루 일과를 시작한다. 따라서 최소 일과 시작 30분 전에 일어나서 준비해야 한다.

좋은 의사는 독불장군으로 성장하기 힘들다. 레지던트와 협력해 회진과 수술도 하기 때문에 협업을 잘하는 사람이 좋은 평가를 받는다.

실제 부딪히는 의학적 문제는 그때그때 공부를 하는 것이 중요하다. 특히 수술실에 들어갈 때 수술의 방법, 해당 수술의 장단점, 합병증 등을 공부하고 들어가는 것이 많은 도움이 된다. 간혹 교수님 중 불쑥 질문을 던지는 분들이 있는데, 답변을 못하는 경우 낮은 평점을 받고 레지던트 입학 시 안 좋은 평가를 받을 수 있다. 모두가 자신이 원하는 전공을 선택할 수는 없다. 하지만 평소에 다양한 분야를 공부하면서 준비했다면 어떤 전공을 선택하더라도 좋은 결과를 이룰 수 있다. 따라서 공부를 할 때도 처음부터 내가 전공할 것이 아니라는 태도로 대충 하지 말고 주어진 상황에서 최선을 다하고 알고 넘어가는 자세가 성공의 지름길이 될 수 있다.

의사라고 다 돈 많고 행복한 것은 아니다. 병원이 망해서 신용불량자 의사가 많아지고 있다는 기사도 있다. 그렇기에 의사로서 살면서 경영자의 마인드를 갖는 것은 매우 중요하다. 요즘은 사이버대학교 시스템이 매우 좋기에 경영학과 심리학을 공부하는 것도 좋을 것 같다.

고등학생 때는 의대만 나오면 다 성공하는 줄 알았어! 의대생에 대한 환상이 있었지~! 드라마나 영화에서도 의대 나오면 멋진 자동차와 아름다운 집을 가지고 있잖아. 그러니 막연한 부러움으로 의사를 희망했었지.

저자가 고등학생이었을 때, 의대생은 시체실에서 하룻밤을 자야한다는 이야기가 있었다. 이것만 잘 이겨내면 부와 명성이 뒤따라온다는 것이다. 지금의 4차 산업혁명 시대에는 의대에 들어갔다고 성공이 보장되지 않으며, 소프트웨어 활용 능력과 기업가 정신까지 갖춰야 살아남을 수 있는 무한경쟁 시대가 되었다.

게다가 다른 학생들에 비해 사람과의 관계에서 친화력 지수가 더 필요하다. 또 여성이라고 해서 팀별 프로젝트의 고된 과업에서 열외를 받거나 남학생에게 자신의 일을 떠넘기지도 않는다. 전공 실습이 무척 힘들고 날을 새면서 수술을 해야 하는 날도 있으니 체력이 매우 중요하다.

사람들이 공감하는 가장 큰 편견은 의대생은 다양한 질병을 모두 알고 있을 것이라고 생각하는 것이다. 의대생은 이론적인 것을 배우지만 많은 임상 실적을 가지지 못하기에 잘 알지 못하며 의사면허증이 나올 때까지 수술도 할 수 없으니 의대생은 의학적 지식이 있는 대학생일 뿐이다. 오히려 사람을 대상으로 하는 것이기에 잘못하면 사람을 죽일 수 있다는 불안감을 가지고 제대로 처치를 못하여 벌벌 떠는 일도 발생한다. 그래서 임상의가 아닌 다른 분야에서 일을 하는 경우도 있다.

의대생에 대한 마지막 편견은 '의대생은 따로 준비하지 않아도 취업 걱정 없이 무조건 의사가 된다'라는 것이다. 물론 합격자의 비율이 90퍼센트지만 이를 합격하기 위해 날 새면서 공부하고 임상실습까지 하면서 실력을 쌓기 위해 인턴(1년), 레지던트(4년)을 하고 난 후 진정한 의사가 된다. 이렇게 노력했기에 보상을 받으려는 마음은 있지만 한 블록에 빼곡히 자리 잡은 여러 병원을 보라. 실력이 없으면 살아남기 힘들다.

4

의학·생명·자연과학 계열 직업이
중시하는 역량

2015 개정교육과정과 국제바칼로레아[IB] 프로그램의 핵심은 직면한 다양한 문제를 협업을 통해 해결하고, 다시 보고서를 작성해보는 탐구 활동이다. 자연·의학·보건 계열 교육에서도 앞서 살펴보았는데, 직무역량이 필요한 부분에 대해 인지해보자. 의학에 맞는 학생은 다음과 같다.

의학에 맞는 학생 성향 | **출처**·고려대 인재양성 진로가이드북
• 과학 실험과 과학이 재밌고 잘 해낼 수 있다.

- 타인을 잘 이해하고 배려할 수 있다.
- 의학 드라마나 의학 소설을 통해 꾸준히 의사의 꿈을 키워왔다.
- 아픈 사람들을 보면 마음이 아프고 꼭 돕고 싶다.
- 끈기가 있어서 오랜 공부를 소화할 수 있다.
- 빠르고 냉철한 판단력을 가지고 있다.

　의료법인이나 대형병원에서도 통합적 사고 능력을 가진 인재(양손잡이 인재)를 원하고 있다. 이제는 각각의 개별 영역을 넘나들면서 자신이 지닌 지식과 정보를 창조적으로 적용할 줄 아는 데이터 리터러시의 역량을 갖춰야 한다. 이는 과학과 검사 장비가 발달해 질병을 초기에 찾아내 치료가 가능하다. 이보다 더 나아가 빅쿼터스와 인공지능의 발전으로 환자의 질병을 조기 예측하여 질병에 걸리기 전에 미리 관리하는 예측의학으로 발전하고 있기에 의사뿐만 아니라 인공지능으로도 많은 사람을 치료할 수 있는 길이 열리게 되니 꿈을 포괄적으로 가져갈 필요가 있다.

의료 서비스 발전 예상 ｜ 자료·한국보건산업진흥원 정리

4st 치료 중심
질병 발생을 예측한 관리

3st 치료 중심
환자의 유전자 등에 적합한 최적의 치료

2st 치료 중심
질병의 조기 진단을 통한 치료

1st 치료 중심
질병 발생 후 이에 맞는 증상 치료

세계적인 기업에서 헬스케어 분야를 선점하기 위해 엄청난 투자를 하고 있다. 단순히 제품을 팔기 위한 것이 아닌 항노화 산업, 웰니스 산업 등 알파에이지 시대(의학의 발달로 평균 수명이 연장되는 시대)에 건강한 수명을 극대화하려는 쪽으로 모든 산업이 발전하고 있음을 보여준다. 이는 미래 유망직업과도 밀접한 연관성이 있다.

4부

전국 의학·생명·자연과학 계열 진로 지도

1

의학·생명·자연과학 계열의
유망 직업과 신 직업

한눈에 보이는
신 직업 지도

-

보통 10년 후의 미래를 가늠해보면, 현재 고등학교에 재학 중인 학생이 선택할 전공이 유망한지 예측 가능하다. 그런데 미래는 현실과 뚝 떨어져서 오는 것이 아니다. 미래는 항상 지금의 상황을 반영하고 나아간다는 점에서 충분히 예측하고 분석할 가치도 있다. 여전히 20년 넘게 학생들의 진로 희망에서 의사는 높은 순위를 차지하고 있다.

　인공지능 컴퓨터와 유비쿼터스 컴퓨팅의 등장으로 사람이 일터에서 컴퓨터에게 밀릴 수도 있다는 불안감이 점점 퍼져나가고 있다. 이는 의학·보건 계열 직업도 마찬가지다. 물론 환자와 대면하면서 상태를 확인하는 직업인 간호사 쪽은 조금은 덜할 것 같지만, AI간호사가 더 정확하게 시간에 맞춰 약물 복용 모니터링, 환자 입원 후 간호 상태를 잘 파악할 것이다.

　이전에는 볼 수 없었던 생소한 이름의 신 직업이 계속 생겨나기도 하지만, 기술이나 정보의 확산과 융·복합의 영향으로 의학·보건 계열 연관 직업들이 계속해서 영향을 받을 것이다.

　앞으로 이 계열의 분야는 다음 그림과 같이, 연구 및 기술개발 관련 직종, 환경 및 줄기세포 관련 직종, 전자·정보통신 분야 중 웨어러블 통신 관련 직종이 유망할 것으로 전망한다. 특히 4차 산업혁명과 더불어

커넥티드 홈 개념 | **자료**·Parks Associates

정부가 전문 인력 육성 및 투자를 통해 지원하는 신 직업의 경우 인공지능 기술, 감성인식 기술, 빅데이터 분석 등 다양한 분야에 속한 직업들의 미래가 더욱 기대되는 것으로 나타났다.

여러 가지 자료를 종합해 과거에는 전망이 좋았지만, 이제는 달라진 계열 직종과 앞으로의 직업 전망이 좋은 직업을 다음과 같이 조사, 정리해보았다. 표의 아래에서 위로 갈수록 직업 전망이 좋은 편이다.

자연·의학·보건 계열 직업 전망 | **참고**·2019 한국직업전망_한국고용정보원

☀	간병인, 노인전문간호사, 수의사, 동물간호사, 임상심리사, 종자생산과학자, 수산질병관리사, 치매치료사, 임종설계가, 배양육 전문가, 유전자상담사, 복제전문가, 첨단양식관리사, 식용곤충관리사, 신소재개발자, 감염전문간호사, 사유전자분석사, 스마트팜설계가, 날씨조절관리사, 장기취급 전문가
⛅	물리 및 작업치료사, 치과의사, 치과위생사, 약사 및 한약사, 한의사, 치과기공사, 안경사, 운동처방사, 애완동물미용사, 보건의료정보관리사, 의사, 체형관리사
🌧	농림어업기술자, 임업종사자, 어업종사자, 임상병리사, 방사선사, 영양사, 작물재배종사자, 조경기술자, 의무기록사, 식품제조조작원, 낙농 및 사육종사자

미래의 유망 직업

-

미래의 유망 직업

중분류	미래 유망 직업
의학 분야	인공지능 활용 진단의사, 로봇 활용 외과의사, 나노봇 활용 의사, 스마트VR렌즈삽입 안과의사, 수의사, 유전자분석가, 셀프 뷰티샵 마스터, 환자 맞춤형 약제조기술자(지능형 환자 맞춤약 프로그래머)
간호·보건 분야	간병인, 노인전문간호사, 치매치료사, 감염전문간호사, 동물간호사(수의테크니션), 헬스캐스터, 헬스테크 디자이너
농림·수산 분야	스마트팜설계가, 아그리컬쳐 기술가, 종자생산기술자, 수산질병관리사, 첨단양식관리사, 배양육 전문가, 식용곤충관리사, 반려식물커뮤니케이터
화학·생명과학·환경 분야	복제 전문가, 장기취급 전문가, 신소재개발자, 바이오플라스틱 디자이너
생활과학 분야	푸드잉크제조사, 스마트의류제조사, 닥터쉐프, 수면컨트롤러, 음식코디네이터
수학·물리·천문·지구 분야	날씨조절관리사, 우주관측장치개발자, 방사광가속기 연구원, 스마트원전개발자, 자원개발자, 클라우딩 컴퓨터 보안 전문가

❶ 스마트팜설계가

스마트팜이 무엇인지 설명해주세요.

스마트팜, 하면 어떤 생각이 떠오르는지 이야기해줄래?

스마트한 팜~! 똑똑한 농장이라고 생각돼요.

그래 맞아! 스마트팜이란 비닐하우스, 축사, 과수원 등 농업에 ICT 기술을 접목시켜 원격으로 조절하여 최적의 생육 환경을 만들어주는 농장을 뜻한단다.

그럼 훨씬 편하게 농장을 관리할 수 있어 농부들이 더 편하게 일하면서 많은 돈을 벌 수 있겠네요?

그렇지! 유리 온실에서 농작물을 키우니까 날씨에 영향을 받지 않고 수경재배로 여러 층에서 재배하기에 더 많은 농작물을 수확할 수 있어 더 많은 돈을 벌 수 있는 장점이 있지. 하지만 컴퓨터나 스마트폰으로 바로바로 확인하고 조치를 해야 하는데 이를 제때 조절하지 못하면 큰 피해가 발생하고 초기 비용이 많이 발생하는 문제가 있단다.

그럼 스마트팜 기술에 인공지능을 접목시켜 스스로 조절할 수 있도록 하면 좋을 것 같네요.

아주 좋은 생각이야! 일본은 2012년부터 생체 정보를 이용한 생육진단 기술을 스마트팜에 적극 활용하고 있어. 각종 센서를 탑재하여 정보를 수집하고 진단하여 최적의 알고리즘을 통해 농작물을 키우는 기술을 찾아 적용하고 있단다. 그럼 진정한 스마트팜이 되겠지.

그럼 스마트팜설계가는 농작물에 따른 생육진단 기술과 미세제어 기술을 익혀 원격으로 쉽게 관리할 수 있도록 기술을 제공해야겠네요?

그렇지. 미세전자제어시스템MEMS, Micro Electro Mechanical System 기술은 암 진단에 사용하는 체외 진단센서인데 이를 식물 생체 정보를 원격으로 관리할 수 있도록 변경하여 식물 줄기나 잎의 수분 흡수 속도, 비료를 빨아들였는지 등을 측정해 식물 생산을 과학적으로 키울 수 있도록 도와주어야 해. ICT 기술과 식물생장원리, 식물유전자, 화학비료, 유체역학 등을 총체적으로 알아야 그 일을 잘 수행할 수 있단다.

⋮

스마트팜설계 전문 인력으로 일하려면 **농업식물과학과, 농화학과, 농기계학과, 스마트그린산업학과, 스마트ICT융합공학과, 스마트정보통신공학과**에서 전공해야 유리하다.

❷ 배양육 전문가

배양육이 무엇인지 설명해주세요.

배양육이란 살아 있는 동물의 세포를 배양해 세포공학 기술을 바탕으로 생산하는 살코기를 일컫지. 배양육을 통해 획기적인 미래식량 문제를 해결할 수 있을 것이라고 생각하고 빌 게이츠(MS회장), 세르게이 브린(구글 회장) 등 세계적인 부호들이 투자할 정도로 관심이 많은 분야란다. 국내에서는 카이스트 벤처기업 MBG연구소에서 배양육 연구를 진행하고 있어.

콩 고기는 먹어봤는데 배양 고기도 콩 고기처럼 질기고 맛이 없을 것 같다는 생각이 드는데 어떤가요?

배양육의 목적은 고기 본연의 맛을 재현하는 것이기 때문에 고기를 먹는 것과 동일한 맛과 향을 가지고 있어. 말하지 않으면 구별할 수 없을 정도란다.

그럼 왜 식용곤충 등 다양한 먹거리가 많은데 배양육을 개발하는지 궁금해요.

UN 식량농업기구FAO는 2050년이 되면 전 세계 인구는 현재보다 20억 명 증가한 95억 명에 달할 것이라고 예상하고 있어. 이 인구들이 소비하게 될 육류는 연간 465만 톤에 달할 것으로 추정하고 있단다. 이를 충당하기 위해서 매년 2억 톤의 육류 생산량이 증대돼야 한다는 계산인데, 사료를 공급하는 데 많은 농작물이 사용되어 기아에 처하는 사람들이 많아질 거래. 전 세계 토지의 50퍼센트와 담수 25퍼센트가 축산업을 위해 사용되는데 배양육을 만들면 기존 축산업보다 평균 55퍼센트의 에너지 사용량을 줄일 수 있단다. 온실가스 배출량과 토지 사용량은 기존 축산업에 견주어 각각 4퍼센트, 1퍼센트에 불과하지. 이것이 배양육 연구가 환영받는 이유란다. 또한 사육 과정에서 가축이 방출하는 메탄가스는 전 세계 온실가스 발생량의 18퍼센트를 차지하는데 배양육은 지구온난화를 지연시킬 수 있단다. 단순 단백질 공급원을 넘어 기호식품으로서 육류의 맛을 포기 못하는 인류가 우려하는 환경 파괴의 해법으로 배양육이 부상하는 이유란다.

그럼 배양육은 어떻게 만드나요?

연구진들은 먼저 소의 견갑골에서 세포를 분리하여 그 줄기세포를 약 6주간 배양, 증식, 분열시켜서 인위적으로 근육세포로 분화시키지. 이렇게 만들어진 근육세포를 착색시키고, 다지고, 지방을 혼합시켜 실제 고기와 유사하게 만든단다. 배양육은 값싸고, 품질이 좋으며, 대량 생산이 가능하고 환경 친화적이야. 먼저 기존 고기에 비해 제작비용이 낮은 장점이 있어.

:
:

배양육 전문 인력으로 일하려면 **식품공학, 식품가공학, 농식품학, 생물학, 유전공학**을 전공해야 유리하다.

❸ 동물간호사(수의테크니션)

동물간호사가 되고 싶은데 관련된 자격증은 어떤 것이 있나요?

한국반려동물아카데미에서 프로매니저 과정에 속하는 반려동물관리사, 반려동물행동교정사, 반려동물장례코디네이터, 반려동물식품관리사 등의 반려동물 핵심 자격증들을 취득하면 동물병원에서 일할 수 있단다.

그럼 수의테크니션은 무엇인가요?

수의테크니션은 동물의 임상병리사를 말하지. 말 못하는 아픈 동물을 대상으로 소변 검사, 피 검사, 엑스레이 검사 등의 일을 수행하는 일을 해. 수의테크니션은 동물병원이나 그 외 관련된 기관에서 수의사의 진료 보조, 각종 실험실 검사, 임상병리 검사 등의 업무를 담당한단다. 또한 동물의 행동과 상태를 관찰하고 응급상황 시 응급처치 및 간호를 담당한단다. 특히 수의테크니션이 활성화된 일본 동물간호사협회의 주된 사업으로는 동물병원 및 동물의료의 발전을 위한 평생교육 사업, 동물병원 및 동물의료 관련 직업인에 대한 자격 부여와 관련한 사업, 동물병원에 의한 지역사회 공헌을 추진하는 사업 등이 있어.

그럼 수의테크니션 자격이 있어야 동물간호사로 일을 하나요? 또한 자격 등급과 조건이 따로 나누어져 있나요?

자격증이 없어도 동물간호사로 활동할 수 있단다. '한국수의테크니션협회'에서 실시하는 자격시험이 있는데, 3급(한국수의테크니션협회에서 인정한 교육기관에서 교육과정을 이수하지 않은 자 중 동물병원에서 테크니션 업무에 1년 이상 근무한 자), 2급(한국수의테크니션협회에서 인정한 교육기관에서 교육과정을 이수한 자, 전공대학 2년제 이상 졸업자 및 졸업예정자), 1급(2급 자격 취득 후 실무 1년 이상 근무자)로 구분되었단다.

수의테크니션 전문 인력으로 일하려면 **간호학, 임상병리학, 동물산업융합학, 동물생명공학, 특수동물학**을 전공해야 유리하다.

❹ 인공지능 활용 진단의사

의사가 하는 일을 인공지능 활용 진단의사로 대체할 수 있을까요?

인공지능이 발전하면서 현재 의사가 하고 있는 많은 역할에 도움을 주고 있어. 물론 의사의 모든 역할을 기계가 대체하기는 어렵겠지만, 인공지능으로 인해 향후 의사의 역할이 많이 달라질 것은 분명해. 특히 현재 의대생들이나 수련을 받고 있는 젊은 의사들은 은퇴 전에 인공지능의 영향을 더욱 많이 받게 될 거야. 시간을 절약하면서 정밀한 진단과 추천 진료와 최적의 신약을 추천받을 수 있지. 그렇다고 하더라도 결코 사라지지 않을 '인간 의사'의 역할 중의 하나는 최종 의사 결정을 내리는 역할이지. 인공지능이 제시한 치료법 중에 무엇을 선택할지는 인간의 몫으로 남을 거야. 이 마지막 역할마저 대체하기 위해서는 "인공지능이 의사보다 더 정확하다"는 가설을 의학적으로 증명할 수 있어야 한단다.

인공지능 활용 진단의사의 확대로 인해 의대 교육도 변화해야 하나요?

무엇보다 현재 의대 교육에서 큰 비중을 차지하는 단순 암기는 줄어들 거야. 인공지능은 인간과는 비교할 수 없을 정도로 빠르게 학습하고, 저장 공간은 무한하며, 한번 학습한 것은 결코 잊어버리지 않거든. 반면 새로운 분야에 대한 연구 능력이나, 창의성을 길러주는 교육, 인간 대 인간으로 환자를 대할 수 있는 커뮤니케이션 등의 역량에 대한 교육이 더 강조될 거야. 한 연구에 따르면 종양내과 의사는 평생 2만 명의 환자에게 암에 걸렸다는 소식을 전하는데 의대에서는 환자들에게 이를 어떤 방식으로 전해야 할지는 가르쳐주지는 않는단다. 이런 소프트한 커뮤니케이션 능력은 인간만이

할 수 있는 영역이지.

또한 앞으로는 기초 연구에 대한 역할도 강조될 거야. 인공지능은 데이터와 근거를 기반으로 학습하고 의사결정을 내릴 뿐, 그 데이터와 근거 자체는 인공지능에 의지하게 될 거야. 희귀 질환이나 새로운 질병을 연구하는 의과학자들의 역할은 앞으로 더욱 강조될 것이기에 기초 연구에 할애할 수 있는 시간적, 정신적 여유도 늘어나게 되겠지. 더 나아가서는 의사들은 인공지능을 활용해 환자를 효과적으로 진료하고 치료하는 방법도 배워야 한단다. 의료 현장에서 인공지능을 활용해야 한다면, 이를 이용해서 환자를 더 효과적으로 치료하고 돌볼 수 있는 방법을 미리 배우는 것이 바람직하기 때문이지.

 인공지능 활용 진단의사가 의사를 어느 정도 대체할 것이라고 생각하나요?

비노드 코슬라Vinod Khosla는 "인공지능이 80퍼센트의 의사를 대체한다"고 말했지. 이 발언은 2012년에 처음 나온 것인데, 여전히 미국 현지에서도 이야기되고 있을 정도야. 또한 '딥러닝 4대 천왕' 중의 한 명인 토론토대학교의 제프리 힌튼 교수도 2016년 한 인공지능 행사에서 "영상의학과 전문의를 양성하는 것을 당장 그만둬야 한다. 5년 안에 딥러닝이 영상의학과 전문의를 능가할 것은 자명하다"고 구체적인 진료과와 기간까지 특정해 이야기했단다. 내가 이 영상을 발견해 페이스북에 공유했을 때 의료 전문가들의 페이스북 친구들 사이에서도 반향이 뜨거웠지.

 영상의학과는 인공지능 활용 진단의사에 얼마만큼 영향을 받을까요?

인공지능에 의해 적어도 영상 의료 데이터를 단순 판독하는 영상의학과, 임상병리과, 안과의 안저 사진 판독, 소아과의 엑스레이 골연령 판독, 소화기내과의 내시경 결과 판독 등도 영향을 받게 될 거야.

메이요 클리닉의 브래들리 에릭슨 박사는 2017년 미국의 국립암센터에서 열린 토론회에서, "딥러닝 알고리즘으로 유방 촬영술이나 흉부 엑스레이 판독은 향후 3년, 혹은 그 이전에도 가능해질 수 있다"고 주장했지. 15년에서 20년 이후에는 대부분의 영상 의료 데이터를 포괄할 정도로 발전할 거야.

적어도 수십 년 내에 영상의학과에서 판독하는 '모든' 종류의 데이터를 인공지능이 해결하지 못할 수도 있어. 촬영 장비의 종류, 촬영 대상 신체 부위, 각 질병의 종류를 모두 고려하면 너무 많은 조합이 존재하기 때문이지. 또한 시간이 흐르면서 새로운 촬영 기술과 장비가 나오면 분석해야 하는 데이터의 종류 자체가 늘어나지. 하지만 또 한편으로는 인공지능의 도움을 받아서 더욱 효율적으로 판독할 수 있는 범위 역시도 증가할 거야. 인공지능 기술의 발전 속도는 더욱 빨라질 것이며, 해결되는 문제도 더 많아질 거야.

⋮

인공지능 활용 진단의사 전문 인력으로 일하려면 **감염내과, 영상의학과, 피부과, 신경과** 등 다양한 병과를 전공하는 것이 가능하다. 왜냐하면 의학계 전반에서 이를 활용해 적용하고 있기 때문이다.

❺ 클라우딩 컴퓨터 보안 전문가

클라우딩 컴퓨터 보안 전문가라는 일을 하려면 어떤 준비를 해야 하나요?

대학에서 전공을 결정할 때 컴퓨터공학이나 정보보안학과 등을 선택해야 보안에 대한 배경지식을 쌓는 데 도움이 된단다. 이때 주의해야 할 점은 보안이라는 부분이 최근에 각광을 받으면서 대학에서 보안학과를 신설하고 있는데, 학과 명칭이나 교육과정이 트렌드에 따라 자주 바뀌는 곳보다는 전산, 컴퓨터 쪽으로 역사를 지닌 탄탄하고 신뢰성 있는 대학교와 전공학과가 도움이 된단다. 그러니 미리 학교의 인지도나 교육 커리큘럼에 관한 정보를 살펴보는 것이 좋을 거야.

관련 자격증으로는 '디지털포렌식전문가'라는 자격증이 있는데 민간 자격시험으로 유지되어 오다가 2013년 초부터 법무부로부터 국가공인자격증으로 승인받았단다. 현대인들은 생활 속에서 자신도 모르게 컴퓨터나 휴대폰, CCTV 등 디지털 기기와 항상 접해 있어서 개인의 행위에 대한 기록이 상당 부분 디지털 정보로 남고, 디지털 기술의 발달로 범행을 숨기기 위해 기록을 삭제하는 악의적 행위도 많아져 포렌식 기술이 범죄수사에서 점점 중요해지고 있단다. 즉 오프라인상 형사의 역할을 온라인에서 하는 것을 디지털포렌식이라고 생각하면 좋을 것 같아. 이러한 것들을 법정에 제출할 수 있도록 수집, 보관, 분석하여 디지털 증거화한다고 말할 수 있단다.

이러한 자격 이외에 기업체에서 보안 관련 업무 수행을 통해 경험을 쌓거나, 석·박사 과정을 거쳐 전문성을 쌓는 방법 등이 있지.

클라우딩 컴퓨터 보안 전문 인력으로 일하려면 **컴퓨터과학과**, **정보보안학과**, **시스템보안학과**, **반도체학과**, **물리전자학과**에서 전공하는 것이 유리하다.

2

특성화고등학교와
특성화학과

특성화고등학교

–

특성화고등학교의 대표 격인 마이스터고는 취직이 유망한 분야의 산업과 연계해 전문인재를 양성하는 전문계 고등학교를 말한다. 마이스터고에서 제공하는 전문 교과과정, 진로교육, 그리고 현장체험들은 교육과정이 매우 좋은 편이라 재학생들의 만족도가 높다. 또한, 시설이나 환경 등 교육 여건도 우수하다고 평가받는다.

마이스터고등학교는 기계, 뉴미디어 콘텐츠, 모바일, 바이오 산업, 반도체 장비, 에너지, 의료기기, 자동차, 전자, 조선, 철강, 항공, 항만물류, 해양, 로봇, 친환경 농축산, 석유화학, 어업 및 수산물가공, 말 산업, 해외 건설·플랜트, 조선·해양 플랜트, 소프트웨어, 식품 등의 산업 분야에서 학교를 지정해 운영되는데, 의학·자연 계열의 고등학교는 다음과 같다.

의료바이오 산업 분야에는 원주의료고등학교, 한국바이오마이스터고등학교, 나노 산업 분야에는 한국나노마이스터고등학교, 식품 산업 분야에는 경북식품과학마이스터고등학교, 해양 산업 분야에는 인천해사고등학교, 부산해사고등학교, 완도수산고등학교, 농축산 산업 분야에는 대구농업마이스터고등학교, 한국경마축산고등학교, 김제농생마이스터고등학교가 있다.

의학·생명·자연과학 계열 대학의 특성화학과

-

특성화학과는 대학별 간판 학과로 불린다. 대학들이 치열한 입시 경쟁에서 인재를 모으기 위해 적극적으로 집중해 지원하고 특화한 커리큘럼을 구성한 터라, 이들 학과를 졸업하면 높은 경쟁력을 갖출 수 있어 취업난에서 비교적 자유로운 편이다.

이들 학과의 주요 특징, 교육 내용, 지원제도, 졸업 후 진로는 다음과 같다.

취업이 잘 되는 특성화학과(계약학과)

중분류	특성화학과
수학·물리·천문·지구	GIST 기초교육학과, 한양대(에리카) 나노광전자학과, 동국대 NIT
화학·생명과학	가천대 바이오나노학과, 국민대 발효융합학과, 한양대(에리카) 분자생명과학과
농림·수산	전남대(광주) 해양기술학부(양식생물학), 경동대 해양심층수학과
생활과학	숙명여대 문화관광학부(르 꼬르동 블루 외식경영 전공), 경동대 레저&리조트학과, 공주대 문화재보존과학과, 식품 분야[강원대, 군산대, 동아대, 영남대, 인하대, 전남대, 조선대, 한양대], 게임 분야[경북대, 공주대, 동서대, 한국산업기술대, 홍익대(세종)], 미디어 분야[경성대, 계명대, 동명대, 동서대, 선문대, 중앙대, 한동대, 한림대]
의료예과	가천대, 경북대, 고려대, 서울대, 아주대, 연세대, 차의과학대
약학	경희대 동서의과학과, 덕성여대 Pre-Pharm·Med 전공, 이화여대 융합학부(뇌인지과학전공), 강원대 의생명융합학부, 건양대 제약생명공학과, 대구대 생명공학과, 동의대 의생명공학전공, 배재대 생물의약학과, 영남대 생명공학과, 인하대 생명공학과, 한양대 생명공학과, 중앙대 시스템생명공학과
간호	대학병원 간호학과 소개(p157 참고)
환경	건국대 사회환경공학부, 경남대 환경에너지공학과, 고려대(세종) 환경시스템공학과, 광운대 환경공학과, 동의대 환경공학전공, 서울과학기술대 환경공학과, 전북대 토목/환경/자원에너지공학부, 충남대 환경공학과, 창원대 토목환경화공융합공학부 환경안전에너지트랙

• 산업 분야별 최우수 대학을 참고
• 보건복지부 연구 중심 대학병원 중심으로 소개

❶ 수학·물리·천문·지구 관련 분야

대학 및 학과	주요 특징 / 교육 내용 / 지원 / 졸업 후 진로
GIST **기초교육학과**	• 1, 2학년 자유전공, 3, 4학년 전공트랙(생명과학, 화학·소재, 응용물리, 전기전산 중 택일) • 성적 우수자 조기 졸업 및 학·석사 연계 프로그램(4+1) • 대학원 수준의 연구 경험 제공 • 우수 신입생 해외 연수 및 재학 중 한 학기 이상 교환학생 프로그램
한양대(에리카) **나노광전자학과**	• 광공학, 레이저, 나노 반도체 융합을 통해 고도의 첨단 기술 개발을 주도할 인재 양성 • 스마트홈, 태양광 산업, 신산업 융합 분야 전문가 육성 • 정원 내 최초 합격자 전원 전액 또는 50% 장학금 지급
동국대 NIT (반도체과학과, 컴퓨터정보통신 공학부)	• 학부 및 일반 대학원 관련 학과와 교내 연구 기관인 나노정보과학기술원과 연계, NIT 최고 연구 그룹 구성 • IT·NT 융합 교육 프로그램 개발, 학·석사과정 연계, 고급 전문 인력 양성, 우수 연구 전담 인력 확보 : 산학연 클러스터 및 글로벌 네트워크 형성 • 신기능 반도체 재료, 통신 부품 설계, 시스템 집적회로 설계, 반도체 공정(나노 테크놀로지) 등 대학원 과정으로, 반도체업체에서는 소자 및 제조 공정의 개발 엔지니어 또는 집적회로 설계 엔지니어로 활동 • 전자, 특히 하드웨어를 다루는 시스템, 초고주파 통신 분야에서 개발 엔지니어로 활동

❷ 화학·생명과학·환경 관련 분야

대학 및 학과	주요 특징 / 교육 내용 / 지원 / 졸업 후 진로
가천대 **바이오나노학과**	• 세계 수준의 연구 중심 대학 육성 사업 선정 • 미국 명문 대학, 의학 전문 대학, 치의학 전문 대학원 진학

	• 수능 평균 성적 1.6등급 이내 자 : 4년간 등록금 전액 지원 및 월 30만 원 지원
국민대 **발효융합학과**	• 발효융합학과의 커리큘럼은 첨단 바이오 융합 산업과 녹색 산업을 이끌어갈 국가적 전문 인력의 양성을 목표로 나노 기술 및 정보 기술과 연계된 전공 과정과 이수 과정으로 구성 • 산학연 협동 연구 과정을 정규 교과목으로 채택해 학생들로 하여금 조기에 바이오 융합 전공 분야의 사업가 및 전문가 로서 소양을 키울 수 있는 실무 교육과정 편성 • 바이오 및 의약 산업, 건강 기능성 바이오 소재 산업, 식품 제조 산업 및 웰빙 푸드 산업 등의 전문 인력으로 취업 가능 • 교육과학기술부, 보건복지부, 농림수산식품부 등 국가기관 의 공무원으로 취업 가능 • 한국생명공학연구원과 한국식품개발연구원, 식품의약품안 전처 등과 같은 국가 연구 기관의 전문 연구 인력으로 취업 가능
한양대(에리카) **분자생명과학과**	• 바이오 산업, 바이오 의약 분야의 실험 실습을 병행해 생명 과학 분야를 선도하는 인재 양성 • 4년간 반액 장학금 지원(정시 정원 내 최초 합격자 해당) • 국가 연구소, 화장품 회사, 제약 회사 등 진출 가능

❸ 농림·수산 관련 분야

대학 및 학과	주요 특징 / 교육 내용 / 지원 / 졸업 후 진로
전남대(광주) **해양기술학부** (양식생물학)	• 수산물에 대한 지식과 실질적 응용력을 갖춘 인재를 양성, 유용 수산 생물의 효율적 관리, 개발 및 증대에 기여해 지속 가능한 기르는 어업의 발전과 청색 혁명을 이룩하는 데 목적 을 둠 • 수산 척추 및 무척추동물학, 해조학, 수산 생물의 증·양식학, 양식장 환경 과학, 수산 생물의 생식·생리·생태학, 유전·육 종학, 분자생물학 등의 기초 및 응용 학문을 중점적으로 교육

경동대 해양심층수학과	• 국내외 유일의 해양심층수학과로 21세기 인류가 당면한 식량, 에너지 및 환경문제를 종합적으로 해결할 수 있는 인재 양성 • 고학년 때는 산업체 관련 현장 실습 등을 통해 기업이 원하는 인재를 양성함과 동시에, 인류가 안고 있는 문제와 사회가 요구하는 인재 및 기술 등을 지속적으로 개발하고 육성

❹ 생활과학 관련 분야 │ 패션·문화·외식

대학 및 학과	주요 특징 / 교육 내용 / 지원 / 졸업 후 진로
숙명여대 문화관광학부 (르 꼬르동 블루 외식경영 전공)	• 국제적으로 통용될 수 있는 우수한 외식 문화를 학습·연구하는 특화된 프로그램을 통해 외식 산업 관련 이론 습득 및 현장 산업 실습 중심 실무 지식 습득 • 외식 관련 정부 기관이나 교육기관, 외식 사업 기획·운영, 외식경영 컨설턴트, 외식 사업 시설 분야 등 진출
경동대 레저& 리조트학과	• 대명레저&리조트와 채용 보장 협정을 체결한 기업 맞춤형 학과로 기업의 요구 사항을 반영한 교과과정을 운영해 실무 역량을 갖춘 리조트 전문가와 레저 산업의 미래를 책임질 수 있는 우수한 인재 양성 • IT 실무 및 정보 시스템 능력 배양, 관광 및 경영 실무 능력 배양, 외국어 능력 배양, 현장 적응력 강화 등의 교육 목표를 통해 리조트 산업의 중간 관리자 육성
공주대 문화재 보존과학과	• 문화유산의 훼손 및 특성 평가를 통해 전통문화 원형의 보존, 수복, 체계적 보존 관리와 역사적 전통문화 기술에 대한 객관적 자료를 제시할 수 있는 이론 및 실무를 겸비한 전문가 양성 • 국내 문화재뿐만 아니라 세계 문화유산의 과학적 원형 복원에 일익을 담당할 미래 맞춤형 인재 양성

❺ 의료·의예 관련 분야(의예과, 의학과)

대학	주요 연구 분야 및 기술
가천대	• 대사성 질환 전임상 유효성 평가 기술 • MRI 시스템에서 영상의 불균일 개선을 위한 기반 원천 기술 • PET 임상 활용을 위한 방사성 의약품의 대량생산 기술 • 당뇨 및 퇴행성 뇌 질환 같은 다양한 희귀·난치성 질환 치료 기술 개발 수요를 충족하고자 줄기세포 기반의 신의료 기술 개발
경북대	• 뇌동맥류 혈관 내 수술 시스템 구축을 위한 동맥류 치료용 UV 경화수지 분사 장치 • 패혈증 진단용 바이오 마커 조성물 및 이를 이용한 진단 방법 • 피부 이식 장치, 피부 이식을 위한 매핑 방법 및 이를 수행하기 위한 기록 매체 • 당을 감지하는 화학 감각 수용체를 발현하는 세포를 이용한 바이오 센서 및 이를 포함하는 알츠하이머 진단 기기
고려대	• 인도시아닌그린이 결합된 마노실 혈청알부민 복합체, 이의 제조 방법, 이를 포함하는 광학 영상 프로브 및 키트 • 양막 및 융모막의 복합 추출물을 유효 성분으로 함유하는 골 형성 촉진용 약학적 조성물 • 말라리아의 운동성을 이용한 말라리아 진단 및 치료 효과 추적 • 뇌 조직에서 특이적으로 발현되는 갈라닌 수용체 3형에 결합하는 신경 펩타이드인 스펙신^{Spexin}의 결합성 변화에 따라 갈라닌 수용체 3형의 기능 조절제를 스크리닝하는 방법 • 눈꺼풀 안쪽에 있는 마이봄샘^{Meibomian Gland}을 압출하는 기기로, 마이봄샘 기능 이상을 동반한 안구건조증 환자 시술용 신규 의료 기기 • 광신호 전달 모듈을 전후로 이동시키면서 인체 조직을 라인 스캐닝하고, 스캔 이미지해 절제 부위를 정확하고 안전하게 절제할 수 있는 조직 절제기

성균관대	• CancerSCAN_NGS 기반 유전자 분석 시스템 • 간암의 비침습적 방사선 종양 소작술 • 표준 치료에 실패한 전이성 위암 환자에서 다양한 다중 오믹스 Multi-omics 기법에 기반한 정보 분석을 통해 개인 맞춤형 항암 치료법 • 악성 림프종 신개념 진단 체계와 신규 표적 발굴을 통한 차세대 면역 치료제 • 인체 유래 줄기세포를 이용한 관절염 치료법 • 신생아 난치성 질병 극복을 통한 생존율을 높이는 세포 치료제 • 뇌졸중 환자 자신의 혈청과 줄기세포를 이용한 난치성 뇌졸중 세포 치료제 • 줄기세포 전처리 배양법을 통해 치료 효능이 증진된 차세대 중간엽 줄기세포 치료제를 이용한 알츠하이머병 치료제 • 유전성 운동 감각신경 질환에 대한 원인 유전자 규명을 통해 진단용 바이오 마커 및 줄기세포 치료제 개발 • 성공적인 장기이식을 위해 면역 세포 분석 및 줄기세포를 활용해 면역 억제제를 최소화할 수 있는 면역관용 유도 기술 • 대사성 간 질환 및 급성 간부전 환자 치료를 위한 간세포 이식 및 바이오 인공 간 기술 • 난청 극복을 위한 차세대 보청기 및 보청기 적합 소프트웨어를 통한 이식형 보청기 등 최첨단 난청 치료법 • 소아 희귀 내분비 유전 대사 질환 진단 및 치료 기술 • 위 보존이 가능한 조기 위암의 내시경 점막하 박리술 및 최소 침습 수술법
서울대	• 연구용 시료의 채취·처리·저장 및 임상 활용을 통합적으로 관리하기 위한 전산 시스템 • 유전성 암 발병 위험도 평가를 위한 차세대 염기 서열 분석 기반 다유전자 패널 • MRM-MS 기반의 단백 바이오 마커의 임상적 적용 및 활용을 위해 Proteolytic Peptide의 안정성Stability, 정량화 가능성 Quantifiability, 재생력Reproducibility에 대해 실험적이고 분석적인 측면을 비준Validation하는 방법

	• 담즙 유리 DNA에서 DNA 메틸화 검출로 담관 세포 암 진단 기술 • TNF-α^{Tumor Necrosis Factor-alpha} 및 IP-10에 특이적으로 결합하는 이중 타깃 항체 • 급성 심근경색 환자를 대상으로 비침습적인 방법으로 줄기세포 치료 • 급성 심근경색 환자를 대상으로 표준 치료인 관상동맥 스텐트 시술 후 G-CSF와 Erythropoeting을 투여해 말초 혈액으로 골수 유래 줄기세포 치료 • 자가 면역 뇌염 환자에게 리툭시맙^{Rituximab}을 이용한 치료 기술
연세대	• 직접 세포 특이적으로 유전자의 발현을 억제함으로써 성체 동물에서 형질전환을 유도하는 동시에, 기존 기술보다 저렴하게 짧은 기간에 동물 생산을 가능하게 하는 기술 • 환자 고유의 이온 통로 특성을 환자 맞춤형 부정맥 시뮬레이션 모델에 적용할 수 있는 부정맥 치료제 효과 평가 시스템 • 암 줄기세포를 표적으로 하는 암 줄기세포 치료용 약물에 대한 연구 • MSCs의 콘드로겐^{Chondrogen} 생성 과정에서 표현된 유전자 scs 9를 억제하는 miRNA를 규명하기 위한 연구 • 향상된 혈전 분해 활동 및 안전성과 함께 허혈성 뇌졸중에 대한 새로운 약물 연구
울산대	• 핵의학 검사 및 치료에 사용되는 방사성의약품 신약 개발 플랫폼과 방사성의약품 제조 기술 개발 및 특허 취득을 통한 기술 • 대장암 항암제 개발을 위한 바이오 마커 • 부정맥 절제술 및 심장 혈관 중재 시술 보조 로봇 시스템
아주대	• RIP3-MLKL 경로 차단제 활용한 피부 네크롭토시스 질환 치료 • 국내 의료 기관의 데이터를 공통 데이터 모델로 변환할 수 있도록 하기 위해 상병 코드^{KCD}와 보험 코드^{EDI}를 국제적으로 활용하고 있는 용어 코드^{OMOP concept_id}에 매핑한 데이터베이스 • 암 예방 또는 치료용 플라스마, 액상 플라스마 제조 방법 • 고막 재생용 인조 키토산 패치 • 수술 절개 부위 지혈용 클립의 연속 사용이 가능한 클립 어플라이어

차의과학대	• 뇌성마비 환아에서 동종 제대혈 시술과 적혈구 생성 인자의 복합 치료 • 탯줄 유래 중간엽 줄기세포 Cordstem-ST의 완제품 생산 시스템 구축 및 허혈성 뇌졸중 환자에서 Cordstem-ST 정맥 투여 치료법 • TGF-β 수용체 고발현 중간엽 줄기세포원을 이용한 퇴행성 디스크 연골 재생 치료제 • 자기 조립 기반 개인별 맞춤형 인공 피부 제작

구분	대학교	전형명	모집 인원	수능 최저
의예과	가톨릭대	학생부종합 (가톨릭 지도자 추천)	2	X
	건양대	학생부교과(지역 인재 면접)	5	
	경상대	학생부종합(일반/지역 인재)	4/7	
	경희대	학생부종합 (네오르네상스)	55	
	계명대	학생부종합(일반/지역 인재)	4/6	
	서울대	학생부종합(일반)	68	
	성균관대	학생부종합(일반학생)	25	
	순천향대	학생부종합 (일반학생/지역 인재)	6/7	
	연세대	학생부종합(활동우수형)	55	
		학생부종합(면접형)	28	
	인하대	학생부종합(인하 미래 인재)	15	
	중앙대	학생부종합(다빈치 인재)	10	
		학생부종합(탐구형 인재)	10	
	충북대	학생부종합I	10	
	한양대	학생부종합	36	

치의예과	경희대	학생부종합(네오르네상스)	40	X
	서울대	학생부종합(일반)	27	
	연세대	학생부종합(활동우수형)	13	
		학생부종합(면접형)	12	
한의학과	경희대	학생부종합(네오르네상스) (인문/자연)	13/30	X
	대전대	학생부종합(혜화 인재) (인문/자연)	2/3	
	동신대	학생부(교과) (지연 인재)	10	
	동의대	학생부종합(학교생활우수자)	7	
	상지대	학생부종합	5	
	우석대	학생부종합(지연 인재) (인문/자연)	3-6	

※ 2020학년도 수시 모집 인원을 참고해 작성한 내용임.
※ 공중보건 장학제도 2019년 시범 실시, 의대생 20명에게 연간 2,040만 원 지원(등록금 1,200만 원+생활비 840만 원), 지원 받은 지자체에서 지원 받은 기간만큼 공공 보건 의료 업무에 종사하게 된다.

❻ 약학 관련 분야 │ 약학·제약

대학 및 학과	주요 특징 / 교육 내용 / 지원 / 졸업 후 진로
경희대 동서의과학과	• **자연과학 및 기초 의과학 집중 교육** : 물리, 화학, 생물학부터 분자생물학, 면역학, 유전학, 해부학, 생리학에 이르기까지 생명과학 전공의 핵심 교과목과 기초의학 교과목으로 구성 • **진로 맞춤형 교육과정** : 의학·치의학·한의학 전문 대학원 진학 희망자를 위해 특성화된 프리메디컬 프로그램Pre-medical Program 운영 • 일반 대학원 석·박사과정 입학 시 등록금 전액 지급 및 유학 시 유학비 지원

덕성여대 Pre-Pharm· Med 전공	• Pre-Pharm·Med 전공은 약학·의·치학 계열이 아닌 이학 계열 • 재학 기간 동안 부전공(또는 복수 전공)을 선택하거나, 전공 심화 과정(전공 학점을 추가로 이수)을 이수할 수 있으며 4년 재학 후 졸업할 경우 이학사 학위(Pre-Pharm·Med 전공) 수여 • 언어 교육원 수업 무료 수강 지원
이화여대 융합학부 (뇌인지과학전공)	• 뇌인지 분야 과학자 및 의학, 생명과학, 경제경영, 법 정치 등 사회 각 분야에서의 전문가 양성 목적 • 뇌융합과학연구원 세미나, 뇌인지과학과 대학원생 멘토링 프로그램 운영 • 과학기술 관련 정부 부처 진출 및 다국적 제약 회사를 비롯한 기업체 입사, 변리사 등 전문 분야 진출, 금융기관, 컨설팅 관련 기업체 등 입사

지역	대학교(정원(명))
강원	강원대(40)
경기	가톨릭대(30), 성균관대(65), 동국대(30), 차의과학대(30), 아주대(30), 한양대(에리카)(30)
경남	경상대(30), 인제대(30)
광주	전남대(60), 조선대(75)
대구	경북대(30), 계명대(30)
경북	대구가톨릭대(50), 영남대(70)
대전	충남대(50)
부산	경성대(30), 부산대(70)
서울	경희대(40), 서울대(63), 덕성여대(80), 숙명여대(80), 동덕여대(40), 이화여대(120), 삼육대(30), 중앙대(120),
인천	가천대(30), 연세대(국제)(30)
전남	목포대(30), 순천대(30)

전북	전북대(30), 우석대(40), 원광대(40)
충남	고려대(세종)(30), 단국대(천안)(30)
충북	충북대(50)
제주	제주대(30)

❼ 간호 관련 분야

지역	대학교(정원(명))
강원	연세대(미래 _ 원주), 한림대(춘천), 강원대(춘천)
경기	아주대(수원), 을지대(성남), 차의과학대(포천, 분당), 동국대(일산), 인제대(일산), 한양대(구리), 원광대(군포), 서울대(분당), 고려대(안산), 한림대(안양, 화성)
경남	경상대(진주, 창원), 부산대(양산), 성균관대(창원)
경북	동국대(경주), 차의과학대(구미), 영남대(영천)
광주	전남대, 조선대
대구	경북대, 계명대, 대구가톨릭대, 영남대
대전	건양대, 을지대(대전), 충남대
부산	고신대, 동아대, 인제대, 부산대
서울	가톨릭대, 고려대, 서울대, 성균관대, 연세대, 이화여대, 중앙대, 한양대, 차의과학대, 인제대, 경희대, 울산대, 한림대, 순천향대
울산	울산대
인천	가천대, 인하대
전북	원광대(익산), 전북대(전주)
제주	제주대
충남	단국대(천안), 순천향대(천안)
충북	건국대(글로컬 _ 충주), 충북대(청주)

5부

의학·생명·자연과학 계열 인포
- 완벽한 입시 준비

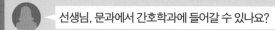

선생님, 문과에서 간호학과에 들어갈 수 있나요?

가능해. 간호학과에서는 인체 구조와 해부 등 다양한 실험 활동이 많고 학생들은 관련 치료 약물 이름을 기억해야 하는 데다, 화학과 생물 지식이 필요하단다. 그래서 간호학과에 들어가기 전에 화학과 생물 공부를 해야 어려움 없이 공부할 수 있을 거야.

간호사는 3교대 근무하고, 하루에 10시간 이상 일을 해서 강인한 체력이 필요하다던데 사실인가요?

교대할 때 1시간 정도 환자 정보를 공유해야 하므로 다른 직업보다 오래 근무하는 것이지. 간호사는 환자의 상태를 확인하기 위해 병실을 돌면서 체온과 약물 주입, 이상 유무를 확인·점검하고 기록으로 남겨야 해. 그러니 체력이 많이 소모되는 것도 사실이야. 하지만 평소 걷기나 운동을 좋아한다면 큰 어려움이 없을 거야. 굳이 근력 운동을 해서 몸을 만들 필요는 없다고 생각해.

간호사가 되려면 어떤 능력을 갖추어야 할까요?

직무와 관련된 전문 지식은 물론 환자나 보호자를 만나 환자의 상태에 대해 얘기해야 하니 대인 관계 능력도 아주 중요하지. 또 환자마다 병을 유발하는 인자와 전이되는 양상도 다르니 계속 공부하며 실력을 쌓아야 해. 그런 만큼 꾸준히 공부할 수 있는 태도가 필요하단다. 간호사에 관심이 있으면 계열 적성 검사를 통해 자세히 파악하고, 어떻게 준비하면 좋은지 알아보렴.

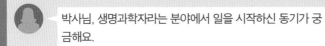

박사님, 생명과학자라는 분야에서 일을 시작하신 동기가 궁금해요.

대학을 졸업하고 막연히 생명과학에 대해 공부하고 싶다는 생각으로 유학을 떠났고, 공부하는 동안 연구를 계속했어. 전체를 보는 통찰력으로 연구 설계를 하고 그것을 중심으로 실험과 이론을 통합하면서 새로운 유형의 생명과학자가 되고 싶었지. 그러니 자연히 생명과학이라는 커다란 학문으로 들어가는 길이 보였어.

과학기술에 관한 관심은 언제부터 가지셨어요?

사실 고등학교 때 가장 좋아한 과목은 과학이 아니었단다. 생물은 외우는 게 많아서 싫어했지. 지금도 학생들이 생물에 관해 물어보면 별로 아는 게 없어. 생명과학자가 그것도 모르냐고 투덜대는 학생에게 미생물 분야는 눈에 보이지 않는 영역의 생명 현상만 다루는 거라고 말해.

일에서 느끼는 보람과 어려운 점은 없는지 궁금해요.

우리나라의 생명공학 기술과 연구진의 수행 능력은 세계적으로 앞서지만 이를 뒷받침할 인프라가 없단다. 그게 아쉽지. 또 빠른 속도로 변하는 과학기술을 이해하고 연구 방향을 결정하며 각 연구자의 역할을 조정하는 게 생명과학 연구보다 더 어렵지만, 매력적이기도 해. 현재 치매, 골다공증, 동맥경화, 당뇨 등 여러 질병의 원인이 되는 단백질 후보가 발굴되고 이 중에 어느 것이 질병을 일으키는 단백질인지 밝히고 그 결과를 신약 개발 연구팀에 보내서 신약 개발로 연결되어야 하지. 물론 말처럼 쉽지 않지만, 전혀 불가능한 것도 아니라고 생각해. 그래서 일하는 매 순간순간이 희망이고 보람이란다.

생명과학자로서 청소년들에게 해주고 싶은 말씀이 있다면 요?

현재 세계가 생명과학을 미래 전략 분야로 선정하고 집중적으로 투자하고 있어. 우리나라의 생명공학 기술 및 연구진의 수행 능력도 최고지. 이런 수준 유지와 새로운 연구 성과를 실현하려면 우수한 과학 인력이 필요하단다. 21세기는 생명과학의 시대라고 하는데 젊은이들이 이 분야에 도전하기를 바라. 좋아하는 것을 하는 게 최고의 행복이라고 하지. 과학을 좋아한다면 주저하지 말고 해보자. 그게 후회 없는 인생을 사는 길이야. 단순히 과학 점수에 연연하지 말고 네가 과학을 좋아하는지가 제일 중요해.

1

진로 로드맵

의학·생명·자연과학 계열의
현재와 미래 인포그래픽

-

고등학교에 입학하면 과학실험동아리, 시사토론동아리나 의학봉사동
아리 등에서 활동하면서 궁금한 문제에 대한 가설을 세우고 실험이나
토론을 통해 해결하면서 탐구 활동 보고서를 작성하는 활동을 해야 한
다. 병원(요양원 포함) 봉사 활동을 갈 때 그냥 가는 것이 아니라 병원 시

설의 문제점과 기구의 작동법, 약은 어느 정도 먹는지, 병원에 와서 얼마 정도 치료를 받고 있는지 등을 알아보면서 환자와 편하게 이야기하는 법을 익히고 깊이 탐구할 자료를 찾는 방법도 좋다.

의학·생명·자연과학 계열은 일상생활을 비롯해 우리 주변에서 활용되는 과학의 원리를 기반으로 동물과 사람들에게 실용적인 기술로 확장할 수 있는 지도적 인재 육성과 고급 인력 양성을 일반적 목표로 한다.

이 계열의 진로를 희망하는 고등학생이라면 재학 중 중앙과학관 세종과학실험토론 화학/물리/의과학 캠프, 서울대·경희대·가톨릭대 병원 체험 캠프에 참여할 것을 권장한다. 이런 활동은 비슷한 꿈을 가진 친구들과 소통하며 자신의 부족한 점을 보완하고 더 깊이 있게 학습하는 힘을 기르는 기회가 될 것이다.

앞의 내용을 종합해 초등학생부터 고등학생까지의 의학·생명·자연과학 계열의 진로 로드맵을 다음과 같이 만들어보았다.

의학·생명·자연과학 계열 진로 로드맵

초등	중등1	중등2·중등3
• 초등과학실험탐구 (동아리 활동) • 기계로봇과학대회 준비 • 영재교육원 이수	• 과학실험동아리 활동	• 코딩 교육, 과학/정보영재교육원 이수

고등1	고등1
• 발전소 견학 및 체험 • 과학시사토론동아리 • 박물관 교육 봉사 • 지역아동센터 실험 봉사 • 과학탐구보고서	• 직업인과의 만남 • 서울대 이공계 캠프 • 카이스트/포스텍 과학캠프 • 나로우주센터 체험 • 자동차디자인 체험

의대생이 추천하는 로드맵

평소 과학에 관심이 많아 대학교 영재교육원에 입학해 다양한 실험과 캠프에 참여하면서 정보과학의 재미를 느끼게 되었어요. 또한 초등학교 때부터 중학교 때까지 학생기자단 활동을 꾸준히 하면서 나의 생각을 글로 정리하면서 글쓰기 실력을 키웠죠. 이후 정보영재교육원에서 친구들과 학습을 하면서 정보올림피아드에서 금상을 받을 정도로 실력을 향상시켰어요. 그러면서 자연스럽게 정보보안전문가를 꿈꾸었죠. 대학교 영재교육원 수학/정보 사사 과정을 이수하면서 꿈을 키워나갔어요. 이런 노력의 결과로 과학고등학교에 입학해 정보동아리를 창설해 같은 꿈을 가진 친구들과 스터디를 하면서 실력을 쌓았으며, 고등부 정보올림피아드에서 수상할 정도로 실력을 쌓았어요. 그러면서 공부도 소홀히 하지 않고 열심히 노력해 2등으로 졸업할 정도로 실력을 향상시켰으며, 다양한 책을 읽으면서 다방면의 지식을 쌓았어요. 고2 조기졸업을 통과하고 정보 보안과 연구 의사를 두고 고민하면서 두 곳에 다 지원했는데 모두 합격했어요. 컴퓨터를 활용해 인류의 생명을 연장하고 건강한 삶을 살 수 있도록 도움을 줄 수 있는 연구 의사에 더 매력을 느껴 의대에 진학하게 되었습니다.

후배들에게

과거 성공한 경험을 떠올리면서 좌절하지 말고 끝까지 도전하라는 말을 해주고 싶습니다. 의대에 입학하기 위해서는 매우 높은 성적을 유지해야 하기에 자기 관리가 매우 중요합니다. 우수한 성적을 내는 친구들을 보면 정말 괴물 같다는 생각을 하게 되죠. 그러나 본인도 다른 사람이 보면 평범하지 않다고 느낄 거예요. 그러니 포기하지 말고 성공한 사례를 생각하면서 자신도 할 수 있다는 자신감을 가지고 꾸준히 노력한다면 의대에 입학할 수 있을 거예요.

또 끝까지 안정감을 유지하는 것이 중요하다는 말을 하고 싶습니다. 지나치게 공부에만 몰두하지 말고, 쉴 때는 쉬고 놀 때는 놀면서 '지속 가능한 공부'를 할 것을 권합니다. 초조한 마음에 오버 페이스를 하다가는 오히려 역효과가 날 수 있으니까요. 그러니 평소와 같이 자기 페이스를 유지하면서 입시 레이스를 완주하는 것이 중요합니다.

모두 끝까지 최선을 다해 꿈을 이루길 바라요.

고등학생은 다양한 활동으로 학교생활 포트폴리오를 관리해야 한다. 포트폴리오에는 자율 활동, 동아리 활동, 봉사 활동, 진로 활동, 독서 활동, 방과후학교 활동 등 다양한 활동에 대한 내용을 기록한다. 앞에 제시한 진로 로드맵처럼 진로에 대한 목표를 세운 후 진로에 맞는 일관된 활동을 하는 것이 매우 중요하다. 학생 신분으로 학교생활에 충실하게 참여한 내용을 기록하고 자신의 진로 탐색과 선택 과정을 알 수 있는 스토리를 담는 것이다.

의학·생명·자연과학 계열 중 화학을 진로로 삼았다면 천연 지시약 만들기, 1몰 표준 농도 만들기, 중화 적정 알아보기 실험 등을 통해 원리를 이해하고 심화 탐구 활동을 통해 진로를 구체적으로 탐색하면 좋을 것 같다. 의대·치대·한의대 진학을 목표로 삼는다면 의학 탐구 활동과 병원 봉사 활동을 병행하면서 질병을 더 효과적으로 치료하는 방법을 알아보고 탐구 보고서 활동을 하면 좋다. 탐구 활동을 하면서 궁금한 점이나 발전·해결하고자 하는 문제는 가까운 대학병원을 방문해 보완해 보자.

보건 계열은 RCY 동아리 활동, 병원 봉사 활동 등을 통해 심폐 소생술과 생리학, 해부학을 공부하면서 인체 구조 원리와 근육 운동 원리 등을 통해 인체에 대한 이해력을 높일 것을 권장한다.

2015 개정 교육과정 의학·생명·자연과학 계열 전공을 위한 과목 선택 가이드

-

선생님 말씀 잘 들었어요. 의학·생명·자연과학 계열이 취업이 잘되는 학과가 아닐 수도 있지만, 저는 즐거운 일, 하고 싶은 일을 할 수 있어 좋을 것 같아요.
이번에 학교에서 과목을 선택하라는 안내문을 받았어요. 그런데 복잡하기도 하고, 자연과학 계열 및 의학 계열로 진학하려면 어떤 과목을 선택해야 할지 모르겠어요.

그랬구나. 2015 개정 교육과정에 대해 잘 모르는 학생들이 많지. 부모님도 마찬가지야. 그럼, 선생님이 2015 개정 교육과정과 선택 과목에 대해 설명해줄게.

2018년 3월 1일부터 고등학교에서 시행되고 있는 2015개정 교육과정은 문·이과 통합교육을 가장 큰 변화의 틀로 삼고 있다. 가장 중요한 것은 통합 교육을 위한 공통 과목(통합사회, 통합과학) 신설과 학생의 과목 선택권 확대다.

첫째, 공통 과목을 신설해 2018학년도부터 입학한 모든 고등학교 1학년 학생에게는 통합사회, 통합과학, 과학 실험 탐구가 필수과목이 되었다. 이러한 변화는 4차 산업혁명에 대비해 모든 학생을 인문학적 상상력을 바탕으로, 과학기술 창조력을 갖추고 바른 인성을 겸비한 인재로 길러내겠다는 미래 핵심 역량을 반영한 교육과정의 특성, 특히 사회과학기술 기초 소양을 함양하겠다는 2015 개정 교육과정의 기본 방향에 따른 것이다.

둘째, 학생의 과목 선택권 확대는 학생의 참여와 소통을 중시하는 학생 중심 교육 철학에서 나온 것으로, 학생들 스스로 자신이 공부하고 싶은 과목을 고등학교 때부터 골라서 배울 수 있도록 학생들에게 선택권을 부여하는 것을 기본으로 한다. 고등학교에 입학한 학생들은 1학년 때 공통 과목을 수강해야 하고, 2학년이 되면 일반 선택 과목과 진로 선택 과목을 수강해야 하지만, 빠르면 1학년 1학기에도 선택할 수 있다. 늦어도 1학년 2학기에는 2학년 선택 과목과 진로 선택 과목을 미리 정해야 하는 경우가 대부분이다. 과목을 선택할 때 다음 유의 사항을 잘 읽어보자.

선택 과목 선정 시 유의 사항

출처 · 서울시교육정보연구원 2015 개정 교육과정에 따른 선택 과목 안내서 발췌

❶ 스스로 선택하는 만큼 과목 이수에 대한 책임은 스스로 져야 합니다. 자신의 적성과 진로를 고려하고, 선생님이나 보호자와 상담해 신중하게 과목을 선택해야 합니다.

❷ 심신을 균형 있게 발달시키기 위해 편중된 과목을 선택하는 것은 좋지 않습니다. 또 드물지만 일부 대학은 입학을 위해 고등학교의 특정 과목을 이수하거나, 특정 분야 과목을 몇 단위 이상 이수하는 것을 요구하기도 합니다. 따라서 특정 대학을 지망하는 학생들은 모집 요강을 참조해야 하며, 그렇지 않더라도 너무 편중된 과목을 선택해 대학 선택의 폭을 좁히는 일이 없도록 해야 합니다.

❸ 교과군별 필수 이수 단위를 충족해야 졸업할 수 있습니다. 국어, 수학, 영어, 사회, 과학 교과의 경우 공통 과목 외에 1과목 이상을 선택하면 필수 이수 단위가 충족됩니다.

❹ 선택 과목 중 위계성이 있는 과목은 학습 순서를 고려해야 합니다. 예를 들어 수학 교과의 경우 〈수학〉은 공통 과목이므로 모든 과목에 선행되어야 하는 과목입니다. 〈수학 II〉의 경우 〈수학 I〉을 이수한 후 선택하거나 〈수학 I〉과 병행해 이수해야 합니다. 〈경제 수학〉은 〈수학 I〉을 이수한 후 선택할 수 있으며 〈미적분〉은 〈수학 I〉, 〈수학 II〉를 이수한 후 선택할 수 있습니다.

❺ 진로 선택 과목 중 자신의 진로를 고려해 3개 이상을 반드시 선택해야 합니다.

❻ 신청자가 적거나 시간표 문제 등으로 선택한 과목을 수강하지 못할 수도 있습니다. 이런 이유로 개설되지 않은 과목의 이수를 희망한다면 거점형이나 연합형 선택 교육과정을 활용해 공부할 수 있습니다.

❼ 과목 선택 절차에 대해 궁금한 점이 있을 때는 담임선생님이나 교육과정 담당 선생님께 문의하기 바랍니다. 진로와 관련된 구체적 상담이 필요할 때는 각 과목 선생님이나 진로 진학 선생님께 도움을 요청하세요.

고등학교 보통 교과 교과목 구성표[1]

교과 영역	교과(군)	공통 과목	선택 과목	
			일반 선택	진로 선택
기초	국어	국어	화법과 작문, 독서, 문학, 언어와 매체	실용 국어, 심화 국어, 고전읽기
	수학	수학	수학Ⅰ, 수학Ⅱ, 미적분, 확률과 통계	실용 수학, 기하, 경제 수학, 수학과제 탐구
	영어	영어	영어 회화, 영어Ⅰ, 영어Ⅱ 영어 독해와 작문	실용 영어, 영어권 문화, 진로 영어, 영미 문학 읽기
	한국사	한국사		
탐구	사회(역사/도덕 포함)	통합사회	한국지리, 세계지리, 세계사, 동아시아사, 경제, 정치와 법, 사회·문화, 생활과 윤리, 윤리와 사상	여행지리, 사회문제 탐구, 고전과 윤리
	과학	통합과학 과학탐구 실험	물리학Ⅰ, 화학Ⅰ, 생명과학Ⅰ, 지구과학Ⅰ	물리학Ⅱ, 화학Ⅱ, 생명과학Ⅱ, 지구과학Ⅱ, 과학사, 생활과 과학, 융합과학
체육·예술	체육		체육, 운동과 건강	스포츠 생활, 체육 탐구
	예술		음악, 미술, 연극	음악 연주, 음악 감상과 비평 미술 창작, 미술 감상과 비평
생활·교양	기술·가정		기술·가정, 정보	농업 생명 과학, 공학 일반, 창의 경영, 해양 문화와 기술, 가정과학, 지식 재산 일반
	제2 외국어		독일어Ⅰ, 일본어Ⅰ, 프랑스어Ⅰ, 러시아어Ⅰ, 스페인어Ⅰ, 아랍어Ⅰ, 중국어Ⅰ, 베트남어Ⅰ	독일어Ⅱ, 일본어Ⅱ, 프랑스어Ⅱ, 러시아어Ⅱ, 스페인어Ⅱ, 아랍어Ⅱ, 중국어Ⅱ, 베트남어Ⅱ
	한문		한문Ⅰ	한문Ⅱ
	교양		철학, 논리학, 심리학, 보건, 교육학, 종교학, 환경, 논술 진로와 직업, 실용 경제	

고등학교 학생이 선택할 수 있는 보통 교과의 공통 과목, 일반 선택과 목, 진로 선택 과목은 위의 표와 같다. 공통 과목은 반드시 이수해야 하는 과목이고, 일반 선택 과목과 진로 선택 과목은 자신의 적성과 진로를 고려해 선택하는 것이 좋다.

좀 더 전문적인 과목을 공부하고 싶다면 아래 표에 있는 전문 교과 1과목 중 선택할 수 있다.

전문교과 l [2]의 교과목 구성표

교과(군)[3]	과목			
과학 계열	심화 수학 l	심화 수학 ll	고급 수학 l	고급 수학 ll
	고급 물리학	고급 화학	고급 생명과학	고급 지구과학
	물리학 실험	화학 실험	생명과학 실험	지구과학 실험
	정보과학	융합과학 탐구	과학과제 연구	생태와 환경

희망하는 과목이 다니는 학교에 개설되지 않았거나 수강 인원 미달로 폐강되었다면 온라인 공동 교육과정인 '교실온닷(https://edu.classon.kr)'

---

1) 일반계 고등학교의 경우 국어, 영어, 수학, 한국사 과목의 비중이 50퍼센트를 넘지 못하게 되어 있음을 유념하고 선택 과목을 구성하는 것이 좋다.
2) 전문 교과는 전문 교과I, 전문 교과II로 나누어진다. 전문 교과I의 교과(군)는 과학 계열, 체육 계열, 예술 계열, 외국어 계열, 국제 계열로 구성되어 있다.
3) 공학 계열의 학생들은 과학 계열의 전문 교과에 집중하는 것이 좋다. 하지만 자신만의 브랜딩을 위해서 과학 계열 이외의 전문 교과의 과목들을 들 수도 있다.

을 이용해 이수할 수 있다. 2018년도를 기준으로 총 17개[4]의 시도 교육청이 참가하고 있다. 총 268개 강좌가 개설되었는데 그중 자연과학 및 의학 계열을 희망하는 학생들이 관심을 가질 만한 수학과 과학 관련 과목, 보건 관련 과목이 많이 개설되어 있다. 앞으로 더 다양한 많은 과목이 개설될 예정이므로 사이트를 이용하면 학교에 개설되지 않은 전문 교과를 이수할 수 있으므로 공과대학 진학의 꿈을 이루는 데 도움이 될 것이다.

선생님 설명을 들으니 2015 개정 교육과정에 대해 이해가 되는 것 같은데, 선택해야 할 과목이 너무 많아요. 구체적으로 어떻게 선택해야 하나요?

2015 개정 교육과정의 핵심 중 하나가 학생의 과목 선택권이므로 조금 더 신중하게 자신의 진로에 맞춰 선택하는 것이 중요하단다. 그 부분은 선생님이 자세히 설명해줄게.

인터넷 게임 시장에서 1990년대 후반에 탄생해 현재까지 인기를 끌고 있는 '스타크래프트'라는 게임이 있다. 이 게임의 스토리는 테란, 프로토스, 저그 등 세 종류의 종족이 서로 다른 과학기술을 기반으로 기술을 개발해

---

4) 서울특별시교육청, 부산광역시교육청, 대구광역시교육청, 인천광역시교육청, 광주광역시교육청, 대전광역시교육청, 울산광역시교육청, 세종특별자치시교육청, 경기도교육청, 강원도교육청, 충청북도교육청, 충청남도교육청, 전라북도교육청, 전라남도교육청, 경상북도교육청, 경상남도교육청, 제주특별자치도교육청이 있다.

영토를 확장하려고 전투를 하는 것이다. 전투에서 이기기 위해서는 플레이어의 손 기술과 순발력 그리고 순간 판단력도 중요하지만, 무엇보다 가장 중요한 것은 어떤 테크트리^{Tech-tree 5)}로 기술을 개발하느냐에 달려 있다.

스타크래프트2 테란 테크트리 | 출처·게임동아

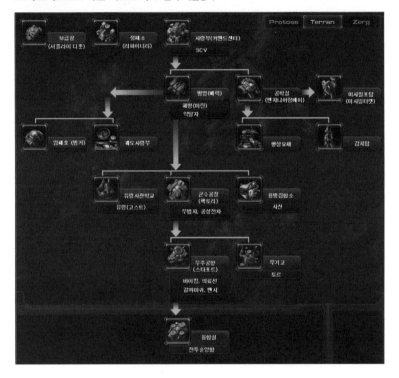

---

5) '테크트리(Tech tree)'란 기술이나 건물에 '포인트(Point)'를 투자하거나, 해당 기술 자체를 배우는 것을 나무 형태의 '계통도'로 정리한 것을 말한다. 주로 '스타크래프트(Starcraft)' 같은 실시간 전략 게임, '시드 마이어의 문명(Sid Meier's Civilization)' 같은 시뮬레이션 게임(Simulation Game)에서 주로 사용한다.

옆의 그림은 스타크래프트2에서 테란의 테크트리를 나타낸 것이다. 자, 이제 자신이 플레이어라고 생각해보자. 공성전차를 만들려면 어떻게 해야 할까?

공성전차를 만들기 위해서는 먼저 병영을 세우고 군수공장을 지어야 한다. 플레이어가 테크트리의 순서도를 잘 알고 게임에 임하면 자신에게 필요한 유닛을 개발하기 위해 지금 무엇을 해야 하는지 쉽게 알 수 있다. 그러나 테크트리를 알지 못하는 경우, 자신이 무슨 일을 해야 원하는 것을 얻을 수 있는지 몰라서 자원과 시간만 낭비해 결국 패배할 수밖에 없을 것이다. 스타크래프트 전투에서 이기려면 미리미리 준비해서 정확한 테크트리를 아는 것이 매우 중요하다.

2015 개정 교육과정에서 선택 과목을 선택하는 것도 이와 비슷하다. 자신이 원하는 진로를 먼저 정하고 그것을 이루기 위해서는 어떤 과목을 들어야하는지에 대한 일반적 지식과 나만의 테크트리를 미리 알고 수강 계획을 세우는 게 좋다.

의학·생명·자연과학 계열 전공을 위한 과목 선택 로드맵(테크트리)의 기본을 5개의 중계열로 나눈다. 자신만의 스토리를 입힌 나만의 과목 선택 테크트리를 만든다면, 여러분은 자신이 희망하는 전공을 공부할 수 있도록 한 단계 업그레이드될 것이다.

추천 과목 목록을 보기 전에 스스로 자신만의 교육과정을 만들어보는 것은 어떨까? 그다음 추천 과목과 비교한다면 자신의 생각과 일반적인 안내의 차이가 무엇인지, 어떻게 하면 자신만의 과목 선택 로드맵을 만들 수 있는지에 대한 아이디어를 얻을 수 있을 것이다.

의학 계열 중 간호학과로 진학하기를 희망하는 B학생이 선택한 교육과정을 살펴보고 자신의 교육과정을 생각해보자.

의학 계열 중 간호학과로 진로를 정한 B학생의 3년간 교육과정 예시

구분	기초	탐구		체육·예술	생활·교양
1-1	국어, 수학, 영어, 한국사	통합사회	통합과학, 과학탐구 실험	체육, 음악, 미술	
1-2	국어, 수학, 영어, 한국사	통합사회	통합과학, 과학탐구 실험	체육, 음악, 미술	
2-1	문학, 수학I, 영어I	사회·문화 생활과 윤리	화학I	운동과 건강, 미술 감상과 비평	한문I
2-2	언어와 매체, 수학II, 영어II, 확률과 통계		생명과학I	운동과 건강, 미술 감상과 비평	독일어I
3-1	독서, 영어, 미적분, 독해와 작문	윤리와 사상	화학II, 생명과학II	운동과 건강 독일어II, 보건	심리학,
3-2	화법과 작문, 미적분, 기하, 영어, 독해와 작문		화학II, 생명과학II	운동과 건강 독일어II, 보건	심리학,

나의 꿈을 위한 나만의 교육과정

구분	기초	탐구		체육·예술	생활·교양
1-1					
1-2					
2-1					
2-2					
3-1					
3-2					

제가 몇 학년에 무슨 과목을 어떻게 선택해야 하는지 알 것 같아요. 의학·생명·자연과학 계열의 모든 학과가 다 같은 과목을 선택하나요? 아니면 자신이 희망하는 학과별로 다른가요?

역시 잘 이해하는구나. 자신이 전공하기를 희망하는 학과에 따라 차이가 나지 않을까? 자신이 전공하고 싶은 것을 가르치는 학과를 알고 그 과의 특징과 어떤 과목들을 수강하면 좋을지 알아보면 좋겠지?
같이 한번 살펴볼까?

의학·생명·자연과학 계열 학과별 유사 학과 분류표
출처 · 전라남도교육청 대학 전공 선택 길라잡이를 참조해 구성

학과	관련학과
농업학과	농학과, 식물자원학과, 식물생명과학과, 식물의학과, 축산학과, 응용생명과학과, 동물자원과학과, 동물생명공학과, 바이오시스템공학과
산림·원예학과	산림자원학과, 산림과학과, 목재응용과학과, 임산공학과, 원예생명과학과, 환경원예학과, 원예디자인과, 화훼원예과
수산학과	수산생명의학과, 해양분자생명과학과, 해양생명과학과, 해양생명응용과학부, 수산양식학과
생명과학과	생명과학과, 생명공학과, 의생명과학과, 의생명공학과, 미생물학과, 분자생물학과, 분자생명과학과, 유전공학과, 생물학과, 분자생물학과, 생명시스템학과, 바이오산업공학과
수의학과	수의학과, 수의예과
(애완)동물학과	애완동물학과, 애완동물관리과, 특수동물학과, 마사과
화학과	화학과, 응용화학과, 생화학과, 정밀화학과, 화장품과학과
가정관리학과	가정관리학과, 아동가족학과, 소비자아동학과, 주거환경학과, 소비자학과, 생활복지주거학과
식품영양학과	식품영양학과, 식품공학과, 식품생명공학과, 식품생명과학과
식품조리학과	호텔외식조리과, 호텔조리과, 호텔조리제과제빵과, 호텔외식조리과, 식품조리학과, 제과제빵과, 조리과학과, 외식조리과, 커피바리스타과, 푸드스타일링전공
의류·의상학과	의류학과, 의류산업학과, 의류패션학과, 패션의류학과, 패션산업학과, 의상학과, 패션마케팅과
수학과	수학과, 응용수학과, 수리과학과
통계학과	통계학과, 응용통계학과, 정보통계학과, 데이터정보학과, 데이터과학과, 전산통계학과, 데이터사이언스학과, 빅데이터공학과

물리 · 과학과	물리학과, 응용물리학과, 전자물리학과, 나노물리학과
천문 · 기상학과	대기환경과학전공, 천문우주학과, 천문대기과학전공, 대기환경과학과, 대기과학과
지구과학과	지질학과, 지적학과, 지질환경과학과, 지구시스템과학전공
의학과	의예과, 의학과, 의학부
치의학과	치의학과, 치의예과
한의학과	한의학과, 한의예과
간호학과	간호학과, 간호과
약학과	약학과, 약학부, 약학전공, 제약학과, 한약학과
치위생학과	치위생학과, 치위생과
보건관리학과	보건관리학과, 보건학과, 산업보건학과, 보건환경과
임상병리학과	임상병리학과, 임상병리과
방사선학과	방사선학과, 방사선과
응급구조학과	응급구조학과, 응급구조과
재활학과	재활공학과, 언어재활과, 직업재활학과, 언어치료학과, 스포츠재활학과
물리치료학과	물리치료학과, 물리치료과
작업치료학과	작업치료학과, 작업치료과

학과별

과목 선택 노하우

–

❶ **의학 분야**(수의학, 의학, 치의학, 한의학, 약학)

대표 학과 1 · 수의학과

수의학과는 가축, 애완동물, 야생동물, 산업 동물뿐 아니라 수생 동물
까지 모든 동물의 질병 예방과 치료에 대해 연구하며 동물의 보존, 축산
식품의 안전 공급, 조류독감, 구제역 등 다양한 분야도 공부한다.

관련 자격

국가 자격	수의사 면허 등

졸업 후 진출 분야

수의공무원	농림수산식품부, 국립수의과학검역원, 식품의약품안전처, 국립보건원, 국립독성연구소, 광역지방단체 보건환경연구원, 축산기술연구소, HACCP, 지자체 동물원
법인 단체	농축협중앙회, 한국마사회, 한국동물약품협회, 한국양록협회 등
동물 진료	소동물, 대동물, 야생동물, 어류질병, 양계전문, 양돈전문
동물업계	동물약품·인체약품, 수출임업, 식품위생, 육가공, 유가공, 수의공중보건 등

수의학과 진학에 도움이 되는 수강 과목

교과 영역	교과(군)	공통 과목	선택 과목	
			일반 선택	진로 선택
기초	국어	국어	화법과 작문, 독서, 언어와 매체, 문학	
	수학	수학	수학Ⅰ, 수학Ⅱ, 미적분, 확률과 통계	수학 과제 탐구, 기하
	영어	영어	영어Ⅰ, 영어Ⅱ, 영어 독해와 작문, 영어 회화	
	한국사	한국사		
탐구	사회 (역사, 도덕)	통합사회		
	과학	통합과학, 과학탐구실험	물리학Ⅰ, 화학Ⅰ, 생명과학Ⅰ, 지구과학Ⅰ	화학Ⅱ, 생명과학Ⅱ
생활 교양			제2외국어Ⅰ, 한문Ⅰ, 환경	

대표 학과 2 · 의학과

의예과 2년, 의학과 4년, 총 6년 과정인 의과대학을 졸업한 후 의사국가고시에 합격해야 의사 면허를 취득할 수 있다. 그 후 인턴 과정 1년, 레지던트 과정 4년을 거쳐 전문의 자격시험에 합격하면 전공 분야별 전문의사가 된다. 의학은 인체의 구조나 조직, 기능, 질병의 원인 등을 연구하는 기초의학, 직접 질병을 진단하고 치료하는 것을 연구하는 임상의학,

질병 예방 및 체력 증진 등을 연구하는 사회의학으로 나눌 수 있다.

관련 자격

국가 자격	의사 면허(전문의 분과 : 내과, 외과, 정형외과, 흉부외과, 신경외과, 소아청소년과, 산부인과, 안과, 이비인후과, 피부과, 비뇨기과, 신경과, 정신건강의학과, 진단검사의학과, 영상의학과, 병리과, 방사선종양학과, 마취통증의학과, 예방의학과, 재활의학과, 결핵과, 성형외과, 가정의학과, 응급의학과, 핵의학과, 작업환경의학과) 등

졸업 후 진출 분야

정부 기관	중앙정부 및 지방자치단체(의무직 및 보건직),식품의약품안전처
의료 기관	종합병원, 대학병원, 개인 병·의원, 보건소 등
일반 기업	방송사, 신문사 등의 미디어업체, 제약 회사 등
연구소	국립암센터, 국립과학수사연구소, 의료 관련 연구소, 세계보건기구 등

의학과 진학에 도움이 되는 수강 과목

교과 영역	교과(군)	공통 과목	선택 과목	
			일반 선택	진로 선택
기초	국어	국어	화법과 작문, 독서, 언어와 매체, 문학	
	수학	수학	수학I, 수학II, 미적분, 확률과 통계	
	영어	영어	영어I, 영어II, 영어 독해와 작문, 영어 회화	
	한국사	한국사		

탐구	사회 (역사, 도덕)	통합사회	정치와 법, 생활과 윤리, 윤리와 사상	
	과학	통합과학, 과학탐구실험	물리학I, 화학I, 생명과학I	화학II, 생명과학II
생활 교양			제2외국어I, 한문I, 심리학	

대표 학과 3 · 치의학과

치의예과 2년, 치의학과 4년, 총 6년 과정의 치과대학 졸업 후 치과의 사고시에 합격해야 치과의사 면허를 취득할 수 있다. 그 후 인턴 과정 1년, 레지던트 과정 3년을 거쳐 전문의 자격시험에 합격하면 전공 분야별 전문 의사가 된다. 치의학은 치아 및 구강 외에도 아래턱, 위턱, 얼굴 등의 악안면을 포함해 얼굴 질환과 장애, 기형 등을 치료하고 예방하는 학문으로 기초치의학과 임상치의학으로 나누어진다.

관련 자격

국가 자격	치과의사 면허(전문의 분과 : 구강악안면외과, 치과보철과, 치과교정과, 소아치과, 치주과, 치과보존과, 구강내과, 구강병리과, 영상치의학과, 예방치과 및 통합치의학과) 등

졸업 후 진출 분야

정부 기관	중앙정부 및 지방자치단체(의무직 및 보건직),식품의약품안전청
의료 기관	종합병원, 대학병원, 개인 병·의원, 보건소 등

일반 기업	생명과학연구원, 방송사, 신문사 등의 미디어업체 등
연구소	국립암센터, 국립과학수사연구소, 치의학관련연구소 등

치의학과 진학에 도움이 되는 수강 과목

교과 영역	교과(군)	공통 과목	선택 과목	
			일반 선택	진로 선택
기초	국어	국어	화법과 작문, 독서, 언어와 매체, 문학	
	수학	수학	수학I, 수학II, 미적분, 확률과 통계	
	영어	영어	영어I, 영어II, 영어 독해와 작문, 영어 회화	
	한국사	한국사		
탐구	사회 (역사, 도덕)	통합사회	정치와 법, 생활과 윤리, 윤리와 사상	
	과학	통합과학, 과학탐구실험	물리학I, 화학I, 생명과학I	화학II, 생명과학II
생활 교양			제2외국어I, 한문I, 심리학, 보건	

대표 학과 4 · 한의학과

한의예과 2년, 한의학과 4년, 총 6년 과정을 마치고 졸업한 후 국가면허시험에 합격해야 한의사 면허를 취득할 수 있다. 그 후 인턴 과정 1년,

레지던트 과정 3년을 거처 전문의 자격시험에 합격하면 전공 분야별 전문 의사가 된다. 우리나라, 중국 및 일본 등 한자 문화권에서 연구되고 발전되어온 학문으로, 최근에는 서양에서도 한의학에 대한 관심이 점차 증가하고 있다.

관련 자격

국가 자격	한의사 면허(전문의 분과 : 한방내과, 한방부인과, 한방소아과, 사상체질과, 한방신경정신과, 침구과, 한방안·이비인후·피부과, 한방재활의학과) 등

졸업 후 진출 분야

정부 기관	중앙정부 및 지방자치단체(의무직 및 보건직)
의료 기관	한방병원, 한의원, 양방 종합병원 한방과, 보건소, 국립의료원 등
일반 기업	생명과학연구원, 의학 전문 기자 등
연구소	한의학 관련 연구소, 식품 및 제약 관련 연구소 등

한의학과 진학에 도움이 되는 수강 과목

교과 영역	교과(군)	공통 과목	선택 과목	
			일반 선택	진로 선택
기초	국어	국어	화법과 작문, 독서, 언어와 매체, 문학	
	수학	수학	수학I, 수학II, 미적분, 확률과 통계	

기초	영어	영어	영어I, 영어II, 영어 독해와 작문, 영어 회화	
	한국사	한국사		
탐구	사회 (역사, 도덕)	통합사회	동아시아사, 한국지리, 생활과 윤리, 정치와 법, 윤리와 사상	
	과학	통합과학, 과학탐구실험	물리학I, 화학I, 생명과학I, 지구과학I	화학II, 생명과학II
생활 교양			한문I, 중국어I, 심리학	한문II, 중국어II

대표 학과 5 · 약학과

현재는 일반 학과 2년 수료 후 약학대학입문시험을 통해 약학대학에 입학할 수 있으며 4년 과정 완료 후 국가면허시험에 합격하면 약사 면허를 취득할 수 있다. 2022학년도부터는 학부 신입생을 선발하기로 결정되었기 때문에 2022학년도 입학생부터는 6년 과정 졸업 후 국가면허시험에 응시할 수 있다.

약학과의 경우 천연물에서 약을 개발하는 생약학 분야, 에너지 대사 및 생체 방어 등을 다루는 생화학 분야, 의약품 구조 및 약리 작용을 연구하는 약품분석학 분야, 식품이나 화장품 등의 안전성을 연구하는 위생약학 분야, 의약품의 혼합·용해·여과·멸균 등 제제 공정에 대해 연구하는 제제공학 분야 등으로 나눌 수 있다.

관련 자격

국가 자격	약사 면허, 한약사 면허 등

졸업 후 진출 분야

정부 기관	중앙정부 및 지방자치단체(약무직 및 보건직), 식품의약품안전처
의료 기관	개인 및 대형 약국(개업 및 관리 약사), 종합병원, 대학 병원 등
일반 기업	제약업체, 화장품 제조업체, (건강)식품업체 등
연구소	국립보건연구원, 환경연구원, 생명공학연구소, 제약 회사 부설 연구소 등

약학과 진학에 도움이 되는 수강 과목

교과 영역	교과(군)	공통 과목	선택 과목	
			일반 선택	진로 선택
기초	국어	국어	화법과 작문, 독서, 언어와 매체, 문학	
	수학	수학	수학I, 수학II, 미적분, 확률과 통계	
	영어	영어	영어I, 영어II, 영어 독해와 작문, 영어 회화	
	한국사	한국사		
탐구	사회 (역사, 도덕)	통합사회	정치와 법, 사회·문화, 생활과 윤리	
	과학	통합과학, 과학탐구실험	물리학I, 화학I, 생명과학I	물리학II, 화학II, 생명과학II
생활 교양			제2외국어I, 한문I, 심리학, 보건	

❷ 간호·보건 분야

대표 학과 1 · 간호학과

간호학은 사람들의 건강을 증진하고 질병이 유발하는 고통을 줄여 더 행복한 삶을 살 수 있도록 돕는 전문 간호 이론과 기술을 배우는 학문이다. 간호학은 간호 대상의 특성과 변화에 따라 성인간호학, 아동간호학, 모성간호학, 노인간호학, 정신건강간호학 등으로 구분된다.

전문대학의 경우 3년제 또는 4년제로, 일반 대학의 경우 4년제로 운영되며 국가자격시험에 합격하면 간호사 면허를 취득할 수 있다. 병원에서는 임상간호사, 보건간호사, 산업간호사 등 다양한 분야에서 활동할 수 있다.

관련 자격

국가 자격	간호사 면허, 전문 간호사(가정 전문 간호사, 감염 관리 전문 간호사, 노인 전문 간호사, 마취 전문 간호사, 보건 전문 간호사, 산업 전문 간호사, 응급 전문 간호사, 정신 전문 간호사, 종양 전문 간호사, 중환자 전문 간호사, 호스피스 전문 간호사, 아동 전문 간호사, 임상 전문 간호사), 보건교사, 보육교사 등

졸업 후 진출 분야

정부 기관	중앙정부 및 지방자치단체(간호직 및 보건직)
의료 기관	종합병원, 대학 병원, 개인 병·의원, 보건소 등

일반 기업	보험회사, 기업체 의무실, 의료 기기업체, 의료 정보업체, 국민건강보험공단 등
기타	보건교사, 노인복지관, 요양원, 산후조리원, 조산원, 사회복지관 등

간호학과 진학에 도움이 되는 수강 과목

교과 영역	교과(군)	공통 과목	선택 과목	
			일반 선택	진로 선택
기초	국어	국어	화법과 작문, 독서, 언어와 매체, 문학	
	수학	수학	수학I, 수학II, 미적분, 확률과 통계	
	영어	영어	영어I, 영어II, 영어 독해와 작문, 영어 회화	
	한국사	한국사		
탐구	사회 (역사, 도덕)	통합사회	정치와 법, 사회·문화, 생활과 윤리	
	과학	통합과학, 과학탐구실험	화학I, 생명과학I	화학II, 생명과학II, 생활과 과학, 융합과학
생활 교양			제2외국어I, 한문I, 심리학, 보건	

대표 학과 2 · 임상병리학과

임상병리학은 환자의 혈액이나 체액, 소변, 조직 등을 화학·생물학·물리학·유전학적 방법으로 분석해 정보를 제공할 수 있도록 임상 검사 기술을 연구하는 학문이다. 졸업 후 면허를 취득하고 임상병리사로 활동할 수 있다. 임상병리학은 골수 및 혈액 검사에 대해 공부하는 임상혈액학, 세균·바이러스·기생충 등의 미생물을 공부하는 임상미생물학, 세포의 구조나 조직을 통해 암 등을 연구하는 진단세포학, 생명공학의 발달로 유전자 검사 등을 연구하는 유전학검사학 등으로 이루어져 있다.

관련 자격

국가 자격	임상병리사 면허 등
민간 자격	국제세포병리사, 산업보건분석사 등

졸업 후 진출 분야

정부 기관	중앙정부 및 지방자치단체(보건직 및 의료 기술직)
의료 기관	종합병원, 한방병원, 보건소, 임상 검사 센터, 전문 검진 센터 등
일반 기업	제약업체, 의료 기기 및 진단 시약 관련 업체 등
연구소	의료 관련 연구소, 생명과학 및 유전공학 연구소 등

임상병리학과 진학에 도움이 되는 수강 과목

교과 영역	교과(군)	공통 과목	선택 과목	
			일반 선택	진로 선택
기초	국어	국어	화법과 작문, 독서, 언어와 매체, 문학	
	수학	수학	수학I, 수학II, 미적분, 확률과 통계	
	영어	영어	영어I, 영어II, 영어 독해와 작문, 영어 회화	
	한국사	한국사		
탐구	사회 (역사, 도덕)	통합사회	사회·문화, 생활과 윤리	
	과학	통합과학, 과학탐구실험	화학I, 생명과학I	화학II, 생명과학II
생활 교양			제2외국어I, 한문I, 심리학, 보건	

대표 학과 3 · 재활학과

재활 관련 학과는 장애인의 재활 복지를 위한 학문적 연구와 더불어 효율적인 재활 프로그램 개발을 공부한다. 사회에서 격리된 장애인의 복지 문제를 다루는 사회재활, 여러 이유로 이상심리를 보이는 사람들의 심리 치료를 주된 목적으로 하는 심리재활, 장애인들이 독립된 삶을 살 수 있도록 장애인의 직업과 재활 시설을 연구 및 개발하는 직업재활 분야로 나뉜다.

관련 자격

국가 자격	작업치료사, 특수교육 정교사 2급, 언어재활사, 장애인재활상담사 등
민간 자격	직업재활사, 언어치료사, 미술치료사 등

졸업 후 진출 분야

정부 기관	중앙정부 및 지방자치단체(보건직 및 의료 기술직)
의료 기관	종합병원, 대학병원, 한방병원, 개인 병·의원, 발달장애 치료실, 보건소 등
복지 기관	장애인복지관, 재활원, 사회복지관, 직업 재활 시설, 노인복지관 등
기타	재활 관련 연구소, 의료 기기 및 보조기 제작·판매업체 등

재활학과 진학에 도움이 되는 수강 과목

교과 영역	교과(군)	공통 과목	선택 과목	
			일반 선택	진로 선택
기초	국어	국어	화법과 작문, 독서, 언어와 매체, 문학	
	수학	수학	수학I, 수학II, 미적분, 확률과 통계	
	영어	영어	영어I, 영어II, 영어 독해와 작문, 영어 회화	
	한국사	한국사		

탐구	사회 (역사, 도덕)	통합사회	사회·문화, 생활과 윤리	
	과학	통합과학, 과학탐구실험	화학I, 생명과학I	화학II, 생명과학II
체육· 예술			운동과 건강	
생활 교양			제2외국어I, 한문I, 심리학, 보건	

대표 학과 4 · 물리치료학과

물리적 요소를 이용한 전기 치료, 광선 치료, 수 치료, 온열 치료 등과 운동생리학, 임상운동학, 관절생리학 등의 학문을 기초로 운동 치료 및 기능 훈련을 통해 환자의 손상과 장애 등을 진단·치료하고, 손상으로 인해 소실된 기능을 되찾아주며, 나아가 신체 건강을 증진해 질병을 예방하도록 하는 학문이다.

관련 자격

국가 자격	물리치료사, 작업치료사, 특수교육 정교사 2급 등

졸업 후 진출 분야

정부 기관	중앙정부 및 지방자치단체(보건직 및 의료 기술직)
의료 기관	종합병원, 대학병원, 한방병원, 개인 병·의원 등
복지 기관	장애인복지관, 재활원, 사회복지관, 직업 재활 시설, 노인복지관 등

기타	재활 관련 연구소, 의료 기기 및 보조기 제작·판매업체 등

물리치료학과 진학에 도움이 되는 수강 과목

교과 영역	교과(군)	공통 과목	선택 과목	
			일반 선택	진로 선택
기초	국어	국어	화법과 작문, 독서, 언어와 매체, 문학	
	수학	수학	수학I, 수학II, 미적분, 확률과 통계	
	영어	영어	영어I, 영어II, 영어 독해와 작문, 영어 회화	
	한국사	한국사		
탐구	사회 (역사, 도덕)	통합사회	사회·문화, 생활과 윤리	
	과학	통합과학, 과학탐구실험	물리학I, 화학I 생명과학I	화학II, 생명과학II
체육·예술	체육		운동과 건강	
생활 교양			제2외국어I, 한문I, 심리학, 보건	

대표 학과 5 · 의료공학과

의료공학은 의학에 공학 기술을 적용해 첨단 의료 장비를 개발하고 운영하는 데 필요한 기술을 연구하는 학문이다. 의학 분야에서 사용하는 첨단 의료 기기 개발뿐 아니라 생체 및 인체 특성을 고려한 인공 재료 분야 개발도 의료공학에 포함된다. 생체 신호 계측, 진단 영상 처리, 의용 재료, 의용 계측 및 제어 등을 연구하는 공학 분야와 인체생리학, 해부학 등의 연구를 통해 공학적 원리를 질병의 진단과 치료에 효과적으로 적용할 수 있는지 탐구하는 의학 분야로 구분된다.

관련 자격

국가 자격	의지·보조기기사, 의공(산업)기사, 전기(산업)기사, 전자(산업)기사, 메카트로닉스기사, 산업위생관리(산업)기사 등
민간 자격	의약정보사, 의료기기 RA 전문가 등

졸업 후 진출 분야

의료 기관	종합병원, 한방병원, 재활병원 등의 의공실, 치과병원의 치과기공실 등
일반 기업	의료기기 개발, 제조 및 판매업체, 의료 기기 수출입업체, 치과기자재업체 등 의료 기기 관련 연구소 등

의료공학과 진학에 도움이 되는 수강 과목

교과 영역	교과(군)	공통 과목	선택 과목	
			일반 선택	진로 선택
기초	국어	국어	화법과 작문, 독서, 언어와 매체, 문학	
	수학	수학	수학I, 수학II, 미적분, 확률과 통계	

기초	영어	영어	영어I, 영어II, 영어 독해와 작문, 영어 회화	
	한국사	한국사		
탐구	사회 (역사, 도덕)	통합사회	정치와 법, 생활과 윤리	
	과학	통합과학, 과학탐구실험	물리학I, 화학I, 생명과학I	물리학II, 화학II 생명과학II
생활 교양			제2외국어I, 한문I, 정보, 보건	

❸ 화학·생명과학·환경 분야

대표 학과 1 · 생명과학과

생명과학은 지구에 존재하는 수많은 동물과 식물, 그리고 눈에 보이지 않는 미생물까지 모든 생명체를 대상으로 생명현상을 연구하는 학문이다. 의학, 농학, 유전공학, 환경공학 등 다양한 응용분야의 기초가 되며, 질병극복, 식량문제, 환경문제 등 다양한 문제에 대한 해결방법을 모색할 수 있는 학문이다. 근본적인 생명 현상의 과정을 이해하는 학문이므로 의료, 산업 그리고 환경 연구와 사업에 폭넓게 적용시킬 수 있는 핵심적인 지식을 연구하고 교육한다.

관련 자격

국가 자격	생물공학기사, 식품기사, 대기환경기사, 수질환경기사, 생물분류기사, 폐기물처리기사, 수산질병관리사, 자연생태복원기사, 식물보호기사, 종자기사 등

졸업 후 진출 분야

연구 기관	생명공학연구소, 화학연구소, 한국과학기술연구소, 독성연구소, 식품의약품안전처, 질병관리본부, 농촌진흥청, 한국식품개발원, 식품위생연구원, 국립보건원연구원, 종합병원 연구소 등
일반 기업	식품, 바이오, 의공학, 환경보존 개선, 대체에너지 개발 분야 등의 엔지니어
학계·교육계	대학원 진학, 교사, 대학교수 등
기타	변리사, 정부 부처 및 공공 기관 등

생명과학과 진학에 도움이 되는 수강 과목

교과 영역	교과(군)	공통 과목	선택 과목	
			일반 선택	진로 선택
기초	국어	국어	화법과 작문, 독서, 언어와 매체, 문학	
	수학	수학	수학I, 수학II, 미적분, 확률과 통계	기하
	영어	영어	영어I, 영어II, 영어 독해와 작문, 영어 회화	
	한국사	한국사		

탐구	사회 (역사, 도덕)	통합사회		
	과학	통합과학, 과학탐구실험	물리학Ⅰ, 화학Ⅰ, 생명과학Ⅰ, 지구과학Ⅰ	물리학Ⅱ, 화학Ⅱ 생명과학Ⅱ
생활 교양			제2외국어Ⅰ, 한문Ⅰ,	

대표 학과 2 · 화학과

　화학은 물질을 구성하는 기본 성분과 고유한 성질 및 구조를 이해하고, 이들이 상호작용해 어떤 반응이 일어나 어떻게 변화되는지 등을 연구하는 학문이다. 모든 물질이 화학과 관련되어 있기 때문에 순수 학문 중에서도 가장 기초가 되는 동시에 다양한 분야에 응용되는 학문이기도 한다. 물질의 화학적 성질을 연구하는 물리화학, 탄소가 포함된 유기화합물의 성질을 연구하는 유기화학, 금속과 관련된 무기물질의 성질 및 합성을 연구하는 무기화학, 물질의 양과 성질을 분석하는 분석화학, 생명과학 분야에 화학적 방법을 적용하는 생화학뿐만 아니라 환경화학, 재료화학, 나노화학 등 분야가 넓다.

관련 자격

국가 자격	화약류제조기사, 화약류관리기사, 화학분석기사, 농화학기사, 화공기사, 위험물산업기사 등

졸업 후 진출 분야

연구 기관	한국과학기술연구원, 한국화학연구원 또는 기업 연구소, 대학원 석·박사 과정 진학
일반 기업	의약, 석유화학, 반도체, 신소재관련 대기업 및 중소기업
학계·교육계	대학원 진학, 교사, 대학교수 등

화학과 진학에 도움이 되는 수강 과목

교과 영역	교과(군)	공통 과목	선택 과목	
			일반 선택	진로 선택
기초	국어	국어	화법과 작문, 독서, 언어와 매체, 문학	
	수학	수학	수학I, 수학II, 미적분, 확률과 통계	기하, 수학 과제 탐구
	영어	영어	영어I, 영어II, 영어 독해와 작문, 영어 회화	
	한국사	한국사		
탐구	사회 (역사, 도덕)	통합사회		
	과학	통합과학, 과학탐구실험	물리학I, 화학I, 생명과학I	물리학II, 화학II
생활 교양			제2외국어I, 한문I	

❹ 수학·물리·천문·지구 분야

대표 학과 1 · 수학과

수학은 자연현상이나 사회현상을 추상화 및 계량화해 이를 설명하고 분석하며 본질적 성질을 설명하는 학문이다. 수학과에서 배우는 것은 수 또는 문자를 사용해 수의 성질이나 관계를 연구하는 대수학, 함수를 다루며 극한의 개념을 기초로 연구하는 해석학, 공간도형의 성질을 이해하는 기하학, 공간의 위상적 성질을 연구하는 위상수학, 자연현상이나 사회현상, 경제현상 등을 분석하고 결과를 이끌어내는 방법을 연구하는 통계 등이 있다. 대학에 따라 수학은 순수 기초 수학과 응용수학으로 나뉜다. 응용수학은 컴퓨터, 최첨단 기술, 생명공학 등의 발전과 더불어 자연과학, 공학, 인문과학, 사회과학, 생명공학, 금융공학 등 다양한 분야에 광범위하게 응용된다.

관련 자격

국가 자격	정보처리기사, 사회조사분석사, 보험계리사, 손해사정사 등

졸업 후 진출 분야

일반 기업	컴퓨터, 전산, 인터넷, 정보통신업계 관련 대기업 및 벤처기업 등
금융계	금융 상품 개발, 보험 계산 등 보험업계, 증권, 은행, 투자회사 등
학계·교육계	수학, 컴퓨터, 금융 관련 분야 대학교수, 교사, 연구직 등

수학과 진학에 도움이 되는 수강 과목

교과 영역	교과(군)	공통 과목	선택 과목	
			일반 선택	진로 선택
기초	국어	국어	화법과 작문, 독서, 언어와 매체, 문학	
	수학	수학	수학I, 수학II, 미적분, 확률과 통계	기하, 수학 과제 탐구
	영어	영어	영어I, 영어II, 영어 독해와 작문, 영어 회화	
	한국사	한국사		
탐구	사회 (역사, 도덕)	통합사회		
	과학	통합과학, 과학탐구실험	물리학I, 화학I, 생명과학I	물리학II
생활 교양			제2외국어I, 한문I	

대표 학과 2 · 물리학과

물리학은 우리 주위에서 일어나는 모든 자연현상 법칙을 연구하는 학문으로, 자연현상의 기초를 이루는 물질과 그 물질에 작용하는 힘에 대한 연구를 통해 주변 세계에 대한 이해를 높인다. 또 물리학은 공학 계열 전반의 기초가 되며 첨단 기술과도 깊은 관계가 있다. 물리학은 뉴턴역학과 상대성이론 등을 공부하는 고전역학, 양자역학을 기초로 하는 현대물리학, 세상을 이루는 가장 기본적인 요소를 연구하는 핵물리학, 가장 미시적인 세계를 다루는 입자물리학, 응집된 물질을 연구하는 응집고체물리학, 빛에 대해 연구하는 광학 등으로 나뉜다.

관련 자격

국가 자격	원자력기사, 방사선비파괴검사기사, 열관리기사, 광학기사, 방사성동위원소취급자 일반 면허, 방사성동위원소취급자 특수 면허

졸업 후 진출 분야

일반 기업	삼성전자, LG전자, LG디스플레이, LG이노텍, 삼성전기 등
연구 기관	한국전자통신연구원, 한국표준과학원, 한국광기술원, 한국수력원자력(주) 등
학계·교육계	대학원 진학, 대학교수, 중·고등학교 교사 등

물리학과 진학에 도움이 되는 수강 과목

교과 영역	교과(군)	공통 과목	선택 과목	
			일반 선택	진로 선택
기초	국어	국어	화법과 작문, 독서, 언어와 매체, 문학	
	수학	수학	수학I, 수학II, 미적분, 확률과 통계	기하, 수학 과제 탐구
	영어	영어	영어I, 영어II, 영어 독해와 작문, 영어 회화	
	한국사	한국사		

탐구	사회 (역사, 도덕)	통합사회		
	과학	통합과학, 과학탐구실험	물리학I, 화학I, 생명과학I	물리학II, 화학II
생활 교양			제2외국어I, 한문I	

대표 학과 3 · 천문·기상학과

천문(우주)학은 수학과 물리학을 바탕으로 우주를 구성하는 태양계, 항성, 성운, 성단, 은하에서 일어나는 현상을 관측하고 연구하는 학문이다. 기상학(대기과학)은 대기의 상태, 대기 운동과 대기 현상 그리고 기후변화 등을 탐구하고 연구하는 학문으로, 최근 대기오염이 점점 심각해지고 있기에 대기 연구의 필요성이 더욱 커지고 있다.

관련 자격

국가 자격	기상기사, 대기환경기사, 소음진동환경기사, 수질환경기사 등

졸업 후 진출 분야

공공 기관	국립기상과학원, 국립환경과학원, 기상청, 한국기상산업기술원, 한국수자원공사, 한국환경정책·평가연구원 등
연구 기관	국가기상위성센터, 극지연구소, 차세대도시농림융합기상사업단, 한국원자력연구원, 한국항공우주연구원, 한국해양과학기술원, 한국형수치예보모델개발사업단, APEC Climate Center 등

학계·교육계	대학원 진학, 대학교수 등

천문·기상학과 진학에 도움이 되는 수강 과목

교과 영역	교과(군)	공통 과목	선택 과목	
			일반 선택	진로 선택
기초	국어	국어	화법과 작문, 독서, 언어와 매체, 문학	
	수학	수학	수학I, 수학II, 미적분, 확률과 통계	기하
	영어	영어	영어I, 영어II, 영어 독해와 작문, 영어 회화	
	한국사	한국사		
탐구	사회 (역사, 도덕)	통합사회		
	과학	통합과학, 과학탐구실험	물리학I, 화학I, 생명과학I, 지구과학I	물리학II, 지구과학II
생활 교양			제2외국어I, 한문I	

대표 학과 4 · 지구과학과

지구과학과는 대학에 따라 지구환경과학과, 지질학과 등으로 개설되어 있다. 지구과학은 인간의 생활 터전인 지구를 연구하는 자연과학의 한 분야로 지구의 구조, 구성 물질과 물리·화학적 진화 과정 그리고 지구에 살았던 생물의 변천 과정 등을 연구한다.

관련 자격

국가 자격	응용지질기사, 수질환경기사, 소음진동기사, 폐기물처리기사, 굴착산업기사, 광산보안기사, 지적기사, 측량 및 지형공간정보기사 등

졸업 후 진출 분야

공공 기관	국립기상과학원, 국립환경과학원, 기상청, 한국기상산업기술원, 한국수자원공사, 한국환경정책·평가연구원 등
연구 기관	한국지질자원연구원, 해양과학기술원, 국립기상과학원, 국립환경과학원, 환경정책평가연구원, 국가위성센터, 농림기상연구센터, 현대, 한화, 삼성 등 대기업 연구소
학계·교육계	대학원 진학, 대학교수, 중·고등학교 교사 등

지구과학과 진학에 도움이 되는 수강 과목

교과 영역	교과(군)	공통 과목	선택 과목	
			일반 선택	진로 선택
기초	국어	국어	화법과 작문, 독서, 언어와 매체, 문학	
	수학	수학	수학I, 수학II, 미적분, 확률과 통계	기하
	영어	영어	영어I, 영어II, 영어 독해와 작문, 영어 회화	
	한국사	한국사		

탐구	사회 (역사, 도덕)	통합사회		
	과학	통합과학, 과학탐구실험	물리학I, 화학I, 생명과학I, 지구과학I	물리학II, 지구과학II
생활 교양			제2외국어I, 한문I	

⑤ 농림·수산 분야

대표 학과 1 · 농업학과

농업학은 삶을 살아가는 데 꼭 필요한 식량에 관련된 농축산물을 다루는 학문이다. 크게 농학과 축산학으로 나뉜다. 농학은 각종 농작물을 연구하는 농학과와 농작물 생산을 돕는 농업 기계에 대해 공부하는 농업기계공학과로 구분된다. 최근에는 바이오센서 및 생체 재료 개발 등의 첨단 산업 기술을 접목한 다양한 관련 학과도 개설되고 있다. 축산학은 가축 및 가공품의 생산 및 처리 등 축산업에 필요한 기술과 이론을 연구하는 학문으로, 동물의 유전적 개량과 증식 등 다양한 분야로 확장 중이다.

관련 자격

국가 자격	종자기사, 유기농업기사, 농화학기사, 농림토양평가관리기사, 토양환경기사, 식물보호기사, 식품기사, 축산기사, 농업기계기사, 기계설계기사, 가축인공수정사 등

졸업 후 진출 분야

공공 기관	농림수산식품부(국립종자원, 농림수산검역검사본부), 농촌진흥청 및 지자체 작물·원예·작물보호분야 연구사, 국가 및 지방농업직 등
산업체	육종, 농약, 제약, 작물·원예 생산/가공/유통

농업학과 진학에 도움이 되는 수강 과목

교과 영역	교과(군)	공통 과목	선택 과목	
			일반 선택	진로 선택
기초	국어	국어	화법과 작문, 독서, 언어와 매체, 문학	
	수학	수학	수학I, 수학II, 미적분, 확률과 통계	
	영어	영어	영어I, 영어II, 영어 독해와 작문, 영어 회화	
	한국사	한국사		
탐구	사회 (역사, 도덕)	통합사회		
	과학	통합과학, 과학탐구실험	물리학I, 화학I, 생명과학I, 지구과학I	화학II, 생명과학II, 지구과학II
생활 교양			제2외국어I, 한문I, 환경	농업생명과학, 창의 경영

대표 학과 2 · 산림·원예학과

산림·원예학은 산림자원과 산림 생태계를 분석하고, 쾌적한 환경을 조성할 수 있는 원예작물 재배에 대한 연구와 자연환경을 관리하고 이용하는 방법을 연구하는 학문이다. 크게 산림자원을 관리하고 이용하는 기술을 배우는 산림학과와 채소, 과수, 화훼 등의 유전 육종, 생산, 관리, 유통 등에 관련된 이론과 기술을 연구하는 원예학과로 나뉜다. 일부 대학은 공학 계열로 구분된 조경학과와 통합 운영하기도 한다.

관련 자격

국가 자격	임업종묘기사, 임산가공기사, 산림기사, 시설원예기사, 식물보호기사, 종자기사, 화훼장식기사, 조경기사, 산림경영기술자, 산림공학기술자 등

졸업 후 진출 분야

공공 기관	산림청, 국립공원관리공단, 산림조합, 한국임업진흥원, 지자체 녹지직 등
연구 기관	국립산림과학원, 국립수목원, 산림박물관, 국립환경과학원, 지자체 환경연구원, 국립식물검역원 등
산업계	산림기술사무소, 나무병원, 해외 조림 및 산림 개발 회사, 사립 수목원 등

산림·원예학과 진학에 도움이 되는 수강 과목

교과 영역	교과(군)	공통 과목	선택 과목	
			일반 선택	진로 선택
기초	국어	국어	화법과 작문, 독서, 언어와 매체, 문학	
	수학	수학	수학I, 수학II, 미적분, 확률과 통계	
	영어	영어	영어I, 영어II, 영어 독해와 작문, 영어 회화	
	한국사	한국사		
탐구	사회 (역사, 도덕)	통합사회		
	과학	통합과학, 과학탐구실험	화학I, 생명과학I, 물리학I, 지구과학I	화학II, 생명과학II, 물리학II, 지구과학II
생활 교양			제2외국어I, 한문I, 환경	농업생명과학, 창의 경영

대표 학과 3 · 수산학과

수산학은 해양 환경 및 해양 생명 자원을 효율적으로 이용·관리·보전·개발하기 위해 다양한 연구와 실험을 하는 학문이다. 해양 환경을 보존할 수 있도록 해양에 대한 지식과 해양 환경의 다양한 변화, 특성을 연구하고 교육할 뿐만 아니라 생명현상의 생물학적 특성과 화학적 이해를 바탕으로 식의약품 소재 및 바이오 에너지 등과 같은 생물 산업 소재도 연구한다.

관련 자격

국가 자격	수산양식기사, 어병기사, 수산제조기사, 어로기사, 해양생산관리기사, 수질환경기사, 식품기사, 수산질병관리사 등

졸업 후 진출 분야

공공 기관	농림수산검역검사본부 및 관련 기관, 도·시·군 수산직 공무원, 국립수산과학원, 식품의약품안전청, 질병관리본부, 한국해양수산연구원, 지자체 소속 연구소 및 기타 법인연구소 등
기타	아쿠아리움, 해양수산박물관, 수협중앙회, 수산업협동조합, 수산질병관리원 등

수산학과 진학에 도움이 되는 수강 과목

교과 영역	교과(군)	공통 과목	선택 과목	
			일반 선택	진로 선택
기초	국어	국어	화법과 작문, 독서, 언어와 매체, 문학	
	수학	수학	수학I, 수학II, 미적분, 확률과 통계	
	영어	영어	영어I, 영어II, 영어 독해와 작문, 영어 회화	
	한국사	한국사		

탐구	사회 (역사, 도덕)	통합사회		
	과학	통합과학, 과학탐구실험	화학 I, 생명과학 I, 물리학 I, 지구과학 I	화학 II, 생명과학 II, 물리학 II, 지구과학 II
생활 교양			제2외국어 I, 한문 I, 환경	해양 문화와 기술, 농업생명과학, 창의 경영

❻ 생활 과학 분야

대표 학과 1 · 가정관리학과

가정관리학은 가족 및 가정생활의 질적 향상을 목적으로 가정에서 이루어지는 인간의 여러 활동을 분석하고 연구하는 학문이다. 대학에 따라 아동학(아동에 초점을 맞추어 인간의 발달 과정을 심리·교육·사회학적 측면에서 연구하는 학문), 가족학(가정생활의 향상과 개인과 가족의 복지 증진을 위한 내용을 연구하는 학문), 소비자학(소비자의 복지 향상과 건전한 소비문화 형성을 위해 필요한 내용을 연구하는 학문), 주거환경학(주거와 환경문제를 비롯한 공간에 대한 것을 연구하는 학문) 등의 세부 전공으로 구분되며 전공에 따라 진출하는 분야도 다소 차이가 있다.

관련 자격

국가 자격	소비자전문상담사, 실내건축기사, 주택관리사보, 청소년지도사, 청소년상담사, 사회복지사, 보육교사 등
민간 자격	가족상담사, 소비자상담사, 소비자재무설계사, 주택상담사, 건강가정사, 가족생활교육사 등

졸업 후 진출 분야

기관	아동·가족·사회복지기관, 소비자단체, 아동 교육기관, 소비자 관련 리서치 회사 등
교육계	어린이집, 중등교사, 교수 등
기타	사회복지 전담 공무원, 놀이치료사, 사회복지사, 건강가정사, 언론계, 광고, 마케팅 등

가정관리학과 진학에 도움이 되는 수강 과목

교과 영역	교과(군)	공통 과목	선택 과목	
			일반 선택	진로 선택
기초	국어	국어	화법과 작문, 독서, 언어와 매체, 문학	
	수학	수학	수학Ⅰ, 수학Ⅱ, 미적분, 확률과 통계	
	영어	영어	영어Ⅰ, 영어Ⅱ, 영어 독해와 작문, 영어 회화	
	한국사	한국사		
탐구	사회 (역사, 도덕)	통합사회	생활과 윤리	고전과 윤리, 사회문제 탐구

탐구	과학	통합과학, 과학탐구실험	화학I, 생명과학I	
생활 교양			제2외국어I, 한문I, 기술·가정	가정과학

대표 학과 2 · 식품영양학과

식품영양학은 식품, 영양, 보건, 건강 등의 상호관계를 통해 국민의 건강과 영양 상태 개선에 대해 연구하고, 건강을 효율적으로 관리하기 위해 필요한 식품과 영양에 대한 기초 지식 및 응용 지식을 공부하는 학문이다. 미생물학, 영양학, 생화학 등 식품학의 기초 과목을 배운 후 식품의 저장 및 가공, 위생, 품질관리 등을 심도 있게 학습한다. 최근에는 외식, 한방, 호텔 조리 등으로 세분되는 경향을 띠고 있다.

관련 자격

국가 자격	영양사, 위생사, 조리사, 영양교사, 식품(산업)기사, 조리산업기사, 주류제조관리사, 수산제조기사 등

졸업 후 진출 분야

공공 기관	식품의약품안전처, 보건복지부, WHO, 농림수산식품부, 농촌진흥청, 한국식품연구원 등
기타	식품, 제약, 환경, 화학, 생명공학 관련 국내외 기업, 프랜차이즈 외식업체 등

식품영양학과 진학에 도움이 되는 수강 과목

교과 영역	교과(군)	공통 과목	선택 과목	
			일반 선택	진로 선택
기초	국어	국어	화법과 작문, 독서, 언어와 매체, 문학	
	수학	수학	수학I, 수학II, 미적분, 확률과 통계	
	영어	영어	영어I, 영어II, 영어 독해와 작문, 영어 회화	
	한국사	한국사		
탐구	사회 (역사, 도덕)	통합사회	사회·문화, 정치와 법, 윤리와 사상	
	과학	통합과학, 과학탐구실험	화학I, 생명과학I	화학II, 생명과학II
생활 교양			제2외국어I, 한문I	가정과학

대표 학과 3 · 의류·의상학과

의류·의상학과는 의생활 환경의 형성 및 의류에 대한 전반적인 사항을 연구한다. 의류를 생산하고 착용하기까지 모든 과정을 연구하며 의복의 소재나 제품, 의복 구성에 관련된 자연과학 분야, 의류 역사나 의상 심리, 마케팅 등 인문 사회 분야, 의류 상품 기획, 디자인 등의 예술 분야까지 다양한 영역을 공부한다.

관련 자격

국가 자격	의류기사, 패션디자인산업기사, 패션머천다이징산업기사, 양복산업기사, 섬유디자인산업기사, 컬러리스트기사, 컬러리스트산업기사 등

졸업 후 진출 분야

언론·예술	패션관련 기자, 에디터, 사진가, 리포터, 카피라이터, 칼럼리스트, 영화 무대의상 디자이너, 한복 디자이너 등
교육계	대학교수, 중고등학교 가정과 교사, 섬유 및 패션관련 연구소 연구원, 섬유 제품관리원, 의류소비자 상담원 등

의류·의상학과 진학에 도움이 되는 수강 과목

교과 영역	교과(군)	공통 과목	선택 과목	
			일반 선택	진로 선택
기초	국어	국어	화법과 작문, 독서, 언어와 매체, 문학	
	수학	수학	수학I, 수학II, 미적분, 확률과 통계	
	영어	영어	영어I, 영어II, 영어 독해와 작문, 영어 회화	
	한국사	한국사		
탐구	사회 (역사, 도덕)	통합사회	세계사	
	과학	통합과학, 과학탐구실험	화학I, 생명과학I	화학II, 생명과학II,
생활 교양			제2외국어I, 한문I 기술·가정	가정과학

2

학생부 비교과 관리

학생부 비교과 관리는
어떤 방식으로 하면 좋을까?

 선생님, 이제 제가 희망하는 전공을 위해 어떤 과목을 선택
해야 할지 알 것 같아요. 그런데 대학에 진학하기 위해서 선
택 과목만큼 중요한 것이 내신 성적과 비교과 활동이라고
하는데, 저는 아직 비교과 활동이 구체적으로 무엇인지, 어
떻게 준비해야 할지 감이 잡히지 않아요.

자, 이제 자신이 희망하는 진로에 적합한 학과를 선택하기 위한 마지막 단계에 도달했구나. 내신 성적과 비교과 활동의 중요성을 알고 있다니 훌륭하네.
선생님이 학교생활기록부의 비교과 활동 중 요즘 더 큰 비중을 차지하는 창체 활동의 네 가지 영역에 대해 설명할게.

❶ 자율 활동

자율 활동은 학교교육 계획(정규 교육과정 포함)에 의해 학교에서 주최·주관해 실시한 활동을 말한다. 현재 자율 활동은 예전에 적응 활동, 자치 활동, 행사 활동, 창의적 특색 활동으로 나뉘어져 있던 영역을 단순화해 자치·적응 활동과 창의 주제 활동으로 구분해 운영하고 있다. 이러한 활동은 학급이나 학교 구성원의 자발적·자율적 참여를 중시하는 활동이므로 어떻게 구분되어 있는가는 큰 의미가 없고, 어떤 활동이 자율 활동 영역에 포함되는지를 아는 것이 중요하다. 따라서 어떤 활동이 자율 활동에 포함되어 있는지 구체적으로 알아보고 준비해야 한다.

학생부종합 전형에서 자율 활동은 학교에서 주관하고 실시한 행사에 관련해 전공 적합성, 인성(리더십, 자기주도성 등)을 객관적 사실에 기초해 학생의 참여 활동을 평가하는 항목이다. 이전에는 학교 평가나 개인을 평가(리더십과 참여도)하는 경향이었지만 최근에는 학교에서 이루어지는 교육 활동에 학생이 구체적으로 어떻게 참여했는가를 평가하는 개인적 평가가 주다. 개별적이고 구제척인 활동에 열심히 참여해야 좋다. 아래의 관리하기를 잘 읽고 준비한다면 좋은 학생부를 만들 수 있을 것이다.

관리하기

1 자율 활동 특기 사항은 500자까지만 적을 수 있으므로 학교에서 이루어지는 모든 활동을 기록할 필요는 없다. 특히 행사 활동, 자치 활동, 학급 및 학교 체험 활동, 환경 교육, 학교 폭력 예방 교육, 안전 교육, 성폭력 예방 교육 중 자신에게 크게 영향을 주지 않는 활동의 경우 행사일과 행사명 등을 단순 사실 위주로 간략하게 기재해 가독성을 높이고 글자 수를 아끼자.

2 아무리 양이 많고 내용이 좋을지라도 복사해서 붙이거나 단순히 나열만 한다면 평가 시스템에 따라 같은 학교 지원자의 학교생활기록부와 비교해 공통된 부분은 제외하고 평가된다는 것을 기억하자. 절대로 학교에서 일괄적으로 제공되는 내용으로 자율 활동을 채우지 말자.

3 자신의 역할이 구체적으로 드러나도록 기록해 자기 주도성, 리더십, 봉사 정신 등을 드러내는 것, 개별적인 활동 경험과 행동 특성, 참여도, 협력도, 실적 등이 드러나도록 기록하는 것이 중요하다.

4 자신에게 중요한 의미가 있는 활동은 '동기-활동-결과(변화된 점, 배우고 느낀 점)' 같은 3단 구성으로 기록하자.

5 입력 주체가 담임선생님이라는 사실을 잊지 말고 항상 활동 진행 과정 중 본인의 기록을 가지고 담임선생님과 소통하는 시간을 가지자.

6 학급 임원이나 동아리 회장 등과 같이 리더십을 드러낼 수 있는 활동을 고등학교 재학 기간 중 2회 이상 하고, 그 활동을 구체적으로 기록한다면 리더십을 표현하는 데 도움이 된다. 특히 리더 역할을 했다는 결과적 자료가 아니라 리더로서 학급 또는 학교 내에서 어떤 역할을 수행하고, 그 과정에서 어떤 기여를 했으며, 어떤 결과를 가져왔는지에 관련된 구체적인 기록을 통해 리더십 역량, 공동체 의식, 의사소통 능력 등이 드러나도록 기록하자.

7 학급 또는 학교 내에서 마땅한 직책이 없어 리더십을 드러낼 만한 활동이 없더라도 포기하지 말자. 공동체에서 자신이 맡은 역할을 중심으로 펠로십을 드러낼 수 있도록 하고, 그 역할이 공동체에 미친 영향 등을 중심으로 기술하는 것도 좋은 방법이다.

자율 활동 특기 사항 예시

학년	창의적 체험 활동 상황		
	영역	시간	특기 사항
1	자율 활동	34	학급 과학 교과 부장(2019. 3. 2~2019. 2. 28)으로서 학급 친구들이 국내외 과학 관련 이슈에 관심을 가질 수 있도록 과학 관련 최신 뉴스를 정리해 게시판에 붙이고, 학급 활동 시간에 관련 내용을 발표하는 등 노력을 기울임. 또 학급 친구들이 궁금해하는 과학 관련 내용을 직접 찾아보고 정리해 친구에게 주는 등 과학 관련 내용을 해결하도록 도움을 줌. 천문우주캠프(2019. 8. 1~2019. 8. 3)에 참가해 평소 자신이 가지고 있던 천체에 대한 궁금증을 해결하기 위해서 태양 관측, 우주 비행사 훈련 체험, 천체 관측 등의 활동에 참여

			함. 특히 천체 관측 망원경의 원리에 대해 궁금증을 가지며 더 자세히 알아보기 위해 활동 후에도 스스로 TED 강연을 시청하고 자료를 정리하는 등 관심 분야에 노력을 기울이는 모습을 보임.
2	자율 활동	34	학교 급식 도우미(2020. 3. 2~2020. 7. 18)로 일하면서 타인의 건강과 직결된 급식 관련 활동의 중요성을 알게 되었을 뿐만 아니라, 남을 위해 봉사하는 것의 중요성도 알게 됨. 특히 학교에서 발생하는 집단 식중독이 단순히 잘못된 재료에 의해 발생하는 것이 아니라 조리 도구와 급식에 참여하는 사람들의 환경에 영향을 받는 것을 알고 도우미 활동을 하는 친구들에게 깨끗한 환경의 중요성에 대해 이야기하며 더 자세히 알아보기 위해 다양한 자료를 찾고 정리함. 학교환경봉사단으로 활동하며 교내 환경 청결을 위해 노력하는 모습을 보임. 특히 미세 먼지의 심각성을 깨달은 학생은 스스로 미세 먼지 알리미로 나서서 매일 아침 미세 먼지 상황을 파악해 학교 게시판에 오늘의 미세 먼지 상황을 게시하며 학생들이 활동하는 데 도움을 줌. 자신에게 주어진 일뿐 아니라 스스로 일을 찾아서 하는 자발적이고 주체적인 모습이 타인의 모범이 됨.

추천 체험 활동 리스트

선배들이 자율 활동 특기사항에 적어놓은 체험 활동들을 리스트로 만들어보았다. 자신에게 적합한 활동을 찾아보고 학교에서 가능한 활동이라면 참여하는 게 좋다. 만약 학교에 없다면 선생님께 건의해서 다음 학기에는 가능하도록 만드는 태도도 필요하다.

체험 활동	내용
양성평등 토론	성 평등에 대한 내 생각을 이유와 근거를 들어 말하는 연습을 함.
심폐 소생술 교육	심폐 소생술 교육을 통해 위급 상황 시 생명을 구할 수 있는 법을 배움.

직업 체험의 날	학교 경찰관에게 여러 가지 사례를 듣고 경찰의 역할을 알게 됨.
전문가 인터뷰	원하는 학과와 관련 있는 전문가(경찰관, 대학교수, 소방관 등)와 인터뷰함.
원탁 토론	우리나라 교육 발전 방향에 대한 아이디어를 나누는 교육정책 원탁 토론에 참여함.
글로벌 리더십 캠프	리더십의 변천사와 리더의 역할에 대해 배우고 실천해봄.
경제 체험단	채소를 직접 재배해 판매까지 경험함.
병원 인턴십	병원에서 간호사, 의사를 도우며 병원 일을 경험함.
월드비전	아침 등교 시간에 아프리카 지역의 아이들을 위한 모금 활동을 함.
UCC대회	우리 학교 홍보 UCC를 제작하면서 친구들과 협동심, 이해심을 배움.
과학 대제전	과학 프로그램을 체험해보고 이공계 학과에서 배우는 과목에 대해 구체적으로 알 수 있었음.
비전 캠프	진로 설정에 대한 특강을 듣고 자신이 생각하는 진로와 그 로드맵에 대해 생각할 기회가 됨.
멘토링	집안이 어려운 아이들에게 수학, 영어를 가르치며 선생님으로서의 자질인 이해심, 관찰력 등을 배움.
대학교 전공 체험	희망 학과에서 실제로 배우는 과목을 대학생들과 함께 듣고 과제를 같이 해보며 대학교 수업에 대해 배울 수 있었음.
전람회 활동	식물 재배에 대해 지속적인 탐구 활동을 수행하고 결과물을 바탕으로 전람회에 참가해 예비 과학자로서 기본 소양과 창의적 탐구 능력을 쌓음.
대학 연계 과제 R&E	언어의 사용과 변천사에 대해 대학생들과 함께 연구해 대학에서의 연구 방법과 자료 정리, 활용 방법에 대해 배움.
영화 인문학 프로그램	40~50분 내외의 영화 주요 장면을 보고 개인별로 인상 깊은 장면과 대사를 적어본 후 발견한 의미를 토론하며, 내 생각과 다른 사람의 생각을 비교함.

앱 제작	우리 학교에 있는 동아리, 식단, 과목 등의 정보를 알려주는 앱을 제작하면서 제작자와 사용자의 입장 차이를 알 수 있었음.
영어 연극	영어 연극에 참여해 영어 실력과 발음이 향상되었으며 감정을 표현하는 방법을 배움.

❷ 동아리 활동

창의적 체험 활동의 여러 영역 중 동아리 활동의 중요성이 점점 부각되고 있다. 희망 학과와의 관련성과 본인의 역할을 가장 잘 나타낼 수 있기 때문이다. 동아리 활동은 정규 동아리, 자율 동아리, 학교 스포츠 클럽 동아리 활동으로 나뉘는데, 중요성이 잘 드러나도록 기록해야 한다. 동아리 활동을 통해 전공 적합성, 인성, 발전 가능성 등이 잘 표현되어야 한다. 그 과정을 모두 기록하는 것도 중요하다.

자율 동아리는 정규 교육과정에 관련된 동아리와는 달리 학교장의 허가 후 구성하는 활동이라 진정한 자율성이 두드러지기 때문에 중요하다. 동아리 활동 중 학생의 진로와 연결되고, 그에 관련된 역량을 특색 있게 나타낼 수 있는 것이 바로 자율 동아리다. 학기 초에 자신에게 맞는 자율 동아리를 만들어 1년간 활동하는 것이 좋다. 주의할 것은 2020학년도 고등학교 1, 2학년의 경우 1년에 1개의 자율 동아리에만 참여하여 활동할 수 있고, 그 내용도 동아리 명을 포함해 30자 이내로만 기재되도록 규정이 바뀌었으므로 계획을 잘 세워서 활동하는 것이 중요하다. 또한,

2021학년도 고등학교 1학년이 되는 학생부터는 자율 동아리 활동의 경우 학교생활기록부에 입력할 수 없도록 규정이 바뀌었으므로 정규 동아리 활동에 더욱 집중해야 할 것이다.

관리하기

1 동아리 활동 특기 사항에는 활동 내용을 구체적으로 기록하는 것이 좋다. 단순히 나열하기보다는 활동하게 된 동기, 구체적으로 학생이 어떤 역할을 맡아 활동했는지, 그 결과는 어땠는지, 뭘 배우고 느꼈는지 잘 드러나도록 기록하자.

2 자신이 희망하는 전공(계열), 본인이 맡은 역할과 활동이 동아리 활동 내용에 잘 나타나도록 기록하는 것이 좋다. 만약 학교 내에 원하는 동아리가 없거나 인기 동아리 모집이 조기 마감되면 관심사와 진로 분야가 같은 친구들을 모아 자율 동아리를 만들어보자. 여기서 주의할 점은 반드시 학기 초에 구성해야 한다는 것이다. 학기 중에 만든 자율 동아리는 학교생활기록부에 입력할 수 없기 때문이다. 자율 동아리는 동아리 활동 이수 시간에 포함되지 않지만 '세부 능력 및 특기 사항'에 활동 내용과 특기 사항을 입력할 수 있고, 담임선생님의 종합 의견이나 교사 추천서에도 기록할 수 있으니 적극적으로 활용하자.

3 고등학교 상황에 따라 희망 전공 학과와 관련된 세부 동아리의 구성과 활동이 어려운 경우가 있다. 이럴 때는 전공 학과 중심이 아닌 계열 중심의 동아리를 구성해 활동하자. 전공 적합성을 충분히 드러낼

수 있다.

4 한 학년에 너무 많은 동아리 활동을 하면 오히려 진정성을 의심받을 수 있다. 최대 3개 정도(전공 관련, 학습 또는 독서 관련, 예체능 또는 봉사 관련)가 적당하고, 그중 자신에게 가장 의미 있는 활동을 골라 '동기 - 활동 과정 - 결과 - 배우고 느낀 점'이 잘 드러나도록 기록하자.

5 동아리 특기 사항에 입력할 수 있는 글자 수가 500자로 제한되어 있으므로, 만약 여러 개의 동아리에 가입했다면 미리 동아리 담당 선생님들과 글자 수를 배분하자.

6 마찬가지로 기록에 제한(500자)이 있으니 정규 동아리, 자율 동아리, 학교 스포츠 클럽 동아리 활동을 적절히 나누어 기록하는 것도 중요하다. 따라서 담당 선생님들과 사전에 조율하자.

7 2020학년도 고등학교 1, 2학년의 경우 한 학년당 1개의 자율동아리만 기재할 수 있도록 방침이 정해졌고 그 내용도 동아리 명을 포함하여 30자 이내로만 기재할 수 있다. 따라서 자율 동아리를 만들 때, 자신의 전공과 연관성이 높은 동아리를 만들어 집중하자.

8 2021학년도 고등학교 1학년부터는 자율 동아리 활동을 학생부에 기록할 수 없도록 규정이 바뀌었다. 따라서 정규 동아리 활동에 더욱 집중해야 할 필요가 있다.

동아리 활동 특기사항 예시

• 의학·보건 분야

학년	창의적 체험 활동 상황		
	영역	시간	특기 사항
1	동아리 활동	68	**생명과학탐구반**(68시간) 생명과학 관련 주제에 몰입해 문제를 해결하고 토론하는 활동에 적극적으로 참여함. 특히 유전자가 이기적으로 움직인다는 주장에 대해 생명의 진화를 유전자적 관점에서 접근한 것이 독창적이라는 사실은 인정하면서도 자신만의 근거를 제시해 반론을 펼침. **철학사유**(자율 동아리) 생명을 다루는 분야의 종사자가 갖춰야 할 철학적, 윤리적 사상에 대해 토론함.
2	동아리 활동	68	**골든타임**(68시간) 의사, 간호사, 응급구조사 등 환자의 생명을 책임지는 진로를 희망하는 학생들이 모여 환자의 골든타임 내에 환자가 조치를 받을 수 있도록 도울 방법에 대해 의논하며 탐구함. 심폐 소생술 교육을 받는 것은 물론 응급실, 소방서 등을 방문해 그러한 일에 종사하는 분들과 만나 학생으로서 갖춰야 할 능력에 대해 알고, 준비하는 모습을 보임.

• 화학·생명과학·환경 분야

학년	창의적 체험 활동 상황		
	영역	시간	특기 사항
1	동아리 활동	68	**과학경시반**(68시간) 화학 관련 분야 진학을 원하는 학생으로 분과를 구성해 상호 학습, 과제 연구를 통해 화학 관련 연구 역량을 키워나감. 자율적인 화학 분야의 심화 학습과 독서 활동을 통해 과학도로서의 기초 능력을 닦음. 특히 가습기 살균제 문제에 대해 더 자세히 알아보기 위해《생활 속의 화학》이라는 책을 읽고, 우리 생활 속 화학물질에 대해 바르

			게 알 수 있도록 친구들에게 알리고 화학물질에 대해 근거 없는 두려움을 갖지 않도록 함.
2	동아리 활동	68	**생활사이언스반** 곤충 채집을 하는 과정에서 농촌 환경오염의 심각성을 깨닫고 해결책에 대해 토론함. 특히 무분별하게 사용하는 화학에너지를 대체할 수 있는 친환경·신재생에너지에 대해 관심을 가지고 꾸준히 탐구해 그 결과를 발표하는 등 환경 문제에 대해 지속적으로 관심을 가지며 탐구하는 모습을 보임. **C.S.I.**(자율 동아리) '변인에 따른 아스피린의 수득률과 반응 속도 비교'를 주제로 연구함.

• 농림수산 분야

학년	창의적 체험 활동 상황		
	영역	시간	특기 사항
1	동아리 활동	68	**시사토론반**(68시간) 자신의 관심 분야에 관련된 기사, 동영상, 자료 등을 조사해 발표하고 토론하는 활동을 통해 관심분야에 대한 이해도를 높임. 특히 '미래의 산업, 친환경 농업'이라는 기사를 읽은 후 4차 산업혁명 시대의 친환경 농업에 대해 깊이 탐구하고 정리해 친환경 농업의 중요성과 그에 따른 대비에 대해 발표함. **텃밭 가꾸기**(자율 동아리) 학교 화단에 텃밭을 꾸미며 지속적으로 관리하며 농작물을 재배함.
2	동아리 활동	68	**친환경농업연구회**(68시간) 친환경 농산물의 소비가 증대되는 가운데 친환경 유기농법으로 농사를 짓는 사람들이 늘고 있지만 오리 농법, 쌀겨 농법, 키토산 농법 등 한계가 분명하다는 문제점에 대해 고민하며 주변에서 쉽게 볼 수 있지만 잘 사용하지 않는 커피 찌꺼기 등을 활용한 친환경 유기 농법이 가능한지 여부를 탐구하기 위해 1년간 학교 화단을 이용해 실험한 후, 그 결과를 토대로 양식업과 수경 재배를 접목한 친환경 농법에 대해 설명함.

• 생활 과학 분야

학년	창의적 체험 활동 상황		
	영역	시간	특기 사항
1	동아리 활동	68	**식품영양 동아리**(68시간) 평소 식품과 조리에 관심을 가지고 있던 학생들이 모여 식품의 성분과 조리 과정 분석 등을 함. 특히 식품의 칼로리 계산 방법에 대해 궁금해하는 학생은 칼로리의 정의와 현재 측정하는 실험에 대해 알아보고 발표함. 이 과정을 통해 좀 더 손쉽게 칼로리를 계산하는 방법이 필요하다는 것을 알게 됨. **요리와 화학**(자율 동아리) 요리의 화학적 성질에 대해 공부하고 분자 요리에 도전함.
2	동아리 활동	68	**베이커리 동아리**(68시간) 다양한 요리에 관심을 가지던 학생이 자신과 관심사가 비슷한 친구들과 동아리를 구성함. 특히 1인 가족이 늘어남에 따라 베이커리 및 디저트 시장이 확대되는 데 주목하고 차별화된 디저트를 개발하기 위해 1학년 때 탐구했던 분자 요리를 베이커리에 접목하는 방식을 탐구하는 모습을 보임. 그 활동을 통해 과학 지식의 필요성을 더욱 실감하고 주도적으로 노력하는 모습을 보임.

• 수학·물리·천체·지구과학 분야

학년	창의적 체험 활동 상황		
	영역	시간	특기 사항
1	동아리 활동	68	**생활수학탐구반**(68시간) 같은 단어를 다른 사이트에서 검색했을 때 다른 결과가 나오는 것을 보고 검색 사이트의 검색 알고리즘에 대해 탐구. 그 과정에서 탐색 알고리즘에 대해 정리하고 발표함. 특히 알파고에 적용되었다는 몬테카를로 트리 탐색에 대해 자세히 살펴보며 인공지능에 수학적 요소가 많이 포함되었다는 것을 알고 더욱 열심히 노력하는

			모습을 보임.
			천체반(자율 동아리) 우주 탐사에 사용되는 공식을 수학적으로 증명함.
2	동아리 활동	68	**수학알고리즘반**(68시간) 수학으로 세상을 보는 방법에 대해 탐구하던 중 인공지능을 형성하는 탐색 알고리즘을 수학으로 분석하는 것에 관심을 보이며 탐색 알고리즘에 대해 조사해 발표. 그 과정에서 이진 탐색 알고리즘에 적용된 수학인 이산수학에 관심을 가지고 더욱 깊이 탐구해 이진 탐색 알고리즘의 장점과 단점을 정리해 발표함. 학교 교육과정 밖 학습에 대해서도 두려워하지 않고 노력하며 탐구하는 자세가 돋보임.

자율 동아리 만들기 5단계

1단계	관심 분야 결정 및 부원 모집	• 관심 분야가 없다면 독서, 봉사, 수학, 과학 관련 동아리로 추천. • 자율 동아리는 정규 교육과정 및 성적 반영이 안 되므로 구성원의 의지가 중요함. • 의지가 있는 부원 모집.
2단계	전문성과 열정을 갖춘 지도교사 섭외	• 지도교사의 역할은 동아리 활동의 방향 설정과 활동 점검 그리고 학생부를 기록하는 것임. • 활동에 관심과 전문성을 갖추었으며 열정이 있는 교사를 찾아가 정중하게 부탁하는 것이 중요함.
3단계	자율 동아리 신청서 및 활동 계획서 작성	• 학기 초에 신청서를 제출한 후 활동하고 학년 말에 입력하는 형태로 진행. • 연간 활동 계획서를 운영 시간, 지도교사, 구성원 등의 정보와 활동 내용을 구체적으로 작성해 제출.

| 4단계 | 자기 주도적 & 적극적 동아리 활동하기 | • 자율 동아리는 정규 수업에서 배우지 못한 내용과 경험을 얻는 활동으로 구성하는 것이 중요. 계획과 활동 그리고 반성 과정에서 자기 주도 능력과 공동체 의식을 기를 수 있도록 활동하는 것이 필요함.
• 구성원 각자의 진로 적성과 연관성 있는 활동이면 더욱 좋음. 동아리의 성격을 반영한 봉사와 연계하기. |
| 5단계 | 증빙 자료 & 기록 남기기 | • 학년 말에 지도교사에게 결과 보고서 및 증빙 자료를 제출하는 것이 중요함.
• 회의록, 블로그, SNS 등에 활동 자료를 일자별, 활동별로 정리하는 것도 좋음.
• 활동의 단순 나열보다 활동을 통한 성장, 진로와 연계되도록 기술. |

전공 주제별 동아리 분류

영역	동아리 이름	활동 내용
수학 & 과학	과학경시대회& 올림피아드	이론 위주 학습을 하고 수준 높은 과학 문제를 해결하며, 과학경시대회나 올림피아드 등에 출전할 목적으로 활동.
	과학 논술	사회적 이슈가 되는 과학 문제에 대해 자신의 생각을 글로 작성하면서 논리적 사고와 문제 해결력 증진.
	생물 환경	자연을 관찰하고 주변 생물을 이해. 지구온난화, 생물 종 멸종, 기상이변 등 지구적 이슈와 관련 있는 주제로 사회 교과와 융합해 활동.
	탐구 실험	교과별 다양한 탐구 실험을 하고 실험 기구 사용법, 탐구 실험 설계, 실험 보고서 작성법 등을 배움.

	탐구 프로젝트	학생 수준의 연구 소재를 선정해 문제를 해결하는 과정을 경험. 지도교사와 전문가의 자문을 받아 창의적 실험을 설계하고 수행.
	천문	주로 망원경을 이용해 천체를 관찰하고, 천문 현상과 우주에 대해 탐구하는 활동.
	과학 영상 탐구부	최신 과학 관련 영상을 보고 토론하는 활동을 함. 그러한 영상 중 가치가 있거나 이슈가 되는 동영상은 편집해서 공유.
	과학프라모델부	과학 관련 프라모델을 조립하고 전시하는 활동.
	수학창의부	창의적 문제 해결력을 기를 수 있는 활동. 사회에서 접할 수 있는 문제를 수학을 활용해 창의적으로 해결하는 솔루션 제공.
	수학게임부	보드게임, 컴퓨터 게임, 활동 게임 등을 수학적으로 분석하고 필승법이 있는지 탐구. 수학적 규칙을 활용해 게임을 만들고 보급.
	과학탐구토론부	이슈가 되는 과학 주제를 가지고 디베이트 활동.
	화학실험부	학교에서 잘 할 수 없었던 화학 관련 실험 활동. 실생활에서 자주 접하는 화학적 현상을 실험을 통해 증명.
	그린에너지부	친환경 에너지와 밀접한 관계가 있는 기사나 동영상을 보고 토론하고 환경을 지킬 수 있는 활동을 찾아서 보급.
보건	의료생명보건부	생명 존중 사상을 바탕으로 전염병, 의료 시스템, 보험 제도 등 의료 보건에 관련된 다양한 주제를 설정해 탐구하고 개선 방향을 제시함.
	의학부	의사가 갖춰야 할 기본적인 소양(생명 존중, 사명 의식 등)에 대해 토론함. 구성원이 관심을 가지고 있는 의학적 문제를 깊이 있게 탐구함.

	유기동물지킴이	유기 동물이 발생하는 원인에 대해 분석하고 그 대안을 제시함. 유기 동물이 발생하지 않도록 캠페인 활동 및 봉사 활동을 실시함. 유기 동물 보호 단체와 함께 유기 동물을 돕는 활동에 직접 참여함.
	생명윤리부	생명이 있는 대상을 다루는 직업을 희망하는 학생들이 모여 생명윤리에 대해 조사하고 토론함.
요리	창작요리부	기존의 요리에 대해 연구하고 만들어보는 활동을 토대로 새로운 요리를 연구함.
	쇼콜라티에부	다양한 디저트를 연구하고 만들어보는 활동을 하는 동아리로, 특히 초콜릿 디저트에 여러 가지 디자인을 가미한 작품을 만듦.
	급식봉사부	학교에서 이루어지는 급식 활동에 참여해 음식을 만드는 과정 및 급식이 이루어지는 과정에 참여함.
환경 & 농림	생활공작부	인간의 생활을 향상시킬 수 있는 다양한 물건을 만들어 보고 발전시키는 활동을 통해 삶의 질을 향상시키는 방법에 대해 탐구.
	4H부	농업 구조와 농촌 생활 개선을 목적으로 하는 동아리로, 우리나라 농업 구조와 농촌 생활에 대한 탐구와 개선 방안에 대해 탐구.
	스쿨팜	학교 내 미니 농장을 운영해 과수 또는 원예작물을 직접 재배해보고 더 나은 환경을 만들기 위한 방법을 탐구.

❸ 봉사 활동

봉사 활동이란 자신의 꿈과 재능을 바탕으로 대가를 바라지 않고 타인이나 단체를 돕거나 사회에 기여하는 활동을 말한다. 봉사 활동을 통해 인간의 존엄성에 대해 깨닫고, 더불어 사는 사회를 이해할 수 있다.

봉사 활동은 크게 교내 봉사 활동과 교외 봉사 활동으로 나뉜다. 교내 봉사 활동은 학교의 교육 계획에 따라 봉사 활동을 하거나 본인이 봉사 활동 계획서를 제출해 스스로 찾아서 하는 활동이다. 교외 봉사 활동은 행정안전부에서 운영하는 자원봉사 포털 시스템인 나눔포털, 보건복지부에서 운영하는 사회복지 봉사 활동 인증 관리 시스템, 여성가족부에서 운영하는 청소년 봉사 활동 포털 사이트에서 신청하고 실시하거나 개인 봉사 활동 계획서를 제출한다.

봉사 활동을 할 때 주의할 사항은 다음과 같다. 첫째, 봉사 활동 시간은 원칙상 1일 8시간 이내만 인정된다. 수업이 있는 날에는 8시간에서 수업 시간을 제외한 시간만큼만 인정해준다는 것을 기억하자. 둘째, 봉사 활동 시간은 다른 창의적 체험 활동 영역의 시간과 중복해 인정받을 수 없다. 셋째, 헌혈은 자원봉사 시간(4시간)으로 인정되므로 봉사 활동 실적 란에 입력할 수 있지만 특기 사항에는 입력하지 못한다.

입학사정관은 봉사 활동을 통해 인성이나 전공 적합성 등을 평가한다. 자신이 할 수 있는 봉사 활동에는 어떤 것이 있는지 살펴보고 계획을 세우면 좋다.

관리하기

1 봉사 활동을 꼭 많은 시간을 해야지만 좋은 것은 아니다. 봉사 활동은 진정성과 지속성이 중요하다. 교내외 봉사 활동을 선택할 때 봉사 활

동의 진정한 의미를 나타낼 수 있는 곳을 선정해 꾸준히 봉사 활동을 하자.

2 일부 특수 학과(사회복지학과, 의예과, 간호학과 등) 또는 나눔·배려 등을 강조하는 건학 이념을 지닌 학교의 경우 봉사 활동을 더 중요하게 여길 수 있으므로 기준을 충족시키는 질적·양적 수준을 확보해두자.

3 하루에 몇 개의 기관에서 몇 시간씩 봉사 활동을 했거나, 시험 기간 중 봉사 활동을 했다면 진정성을 의심받을 수 있으므로 적절한 시간에 봉사 활동을 나누어 하자.

4 교내 봉사 활동만 참여했다고 나쁜 평가를 받는 것은 아니지만, 진정한 봉사 활동으로서 가치가 있는 활동이 아니라면 좋은 평가를 받기 힘들다. 따라서 교내 봉사 활동의 경우 일부 학생만 하는 진정성 있는 봉사 활동에 집중해 참가하는 것이 좋으며 교외 봉사 활동도 실시해 유리하게 만들자.

5 물품 및 현금 기부 등의 활동은 봉사 활동 시간으로 환산해 인정하지 않는다. 하지만 사전 교육, 캠페인 활동, 물품 및 현금 모금 활동, 기부, 평가 등의 프로그램을 진행할 경우는 봉사 활동 시간으로 인정받을 수 있으니 이를 잘 이용하자.

6 봉사 활동에서 가장 중요한 것은 진정성과 지속성이다. 따라서 진정성 있는 봉사 활동을 꾸준히 한 달에 한 번(4시간) 정도 3학년 1학기까지 지속해보자.

7 봉사 활동 특기 사항은 다른 부분과 달리 꼭 입력해야 하는 것은 아니

다. 따라서 특기 사항에 입력될 수 있도록 가시적인 봉사 활동을 하는 것이 중요할 뿐만 아니라 반드시 담임선생님과 소통해야 하는 영역임을 잊지 말자.

8 2019학년도 1학년부터 봉사 활동 특기 사항이 폐지되었으니 특기 사항에 신경 쓰지 말고 실질적인 활동이 잘 이루어져 봉사 활동 실적이 제대로 기록되도록 하는 것이 중요하다.

봉사 활동 특기 사항 예시

학년	창의적 체험 활동 상황		
	영역	시간	특기 사항
2	봉사 활동		1학년 때 무단횡단에 의한 교통사고를 목격한 후 안전의 중요성에 대해 인식하고, 2학년이 되어 자발적으로 학교교통봉사단(2019. 3. 28~2019. 12. 23/30시간)으로 활동함. 1년간 한 번도 빠지지 않고 매주 월요일 학교 앞 횡단보도에서 교통 지도 활동에 참여함. 그 과정에서 학교 앞 횡단보도에서 일어나는 교통사고의 근본적인 원인을 없애기 위해 친구들과 함께 지역 구청에 찾아가 학교 앞 횡단보도에 과속방지턱 설치 및 주의 안내판 설치를 건의했을 뿐만 아니라, 학생들의 주의를 환기하기 위해 교내에서 교통질서 잘 지키기 캠페인을 실시함. 특히 캠페인 활동에서 예방만 강조한 것이 아니라, 사고 발생 시 응급 구조 방법에 대해서도 안내하는 등 다양한 활동에 적극적으로 참여하는 모습을 보임.

• 2020학년도 1, 2학년은 봉사 활동 특기사항을 기록하지 않음. 따라서 봉사 활동과 관련된 특기사항은 '행동특성 및 종합의견'에 기록할 수 있으므로 위의 예를 참고해 적용하면 됨.

학과별 봉사 활동 예시

모집단위	봉사 활동 체크
의학 치의학 한의학 수의학 간호학	업무보조 활동(교내·병원·도서관·기관 등), 학습 도우미(복지관·방과후학교·부진 학생, 지역아동센터 등), 자선봉사 활동(캠페인·불우이웃 돕기·기아아동 돕기 등), 돌봄 활동(환우·장애인·독거노인·도시락 배달 등), 유기견센터, 소록도 봉사 활동, RICE응급처치 안전 캠페인 체험부스 운영, 심폐소생술 체험, 장기기증 운동 홍보
수학 물리학 화학 지구과학	돌봄 활동(환우·장애인·독거노인·도시락 배달 등), 학습 도우미(복지관·방과후학교·부진 학생, 지역아동센터 등), 업무보조 활동(교내·병원·도서관·기관 등), 환경 정화(청소·분리수거 등), 청소년 유해감시단 활동, 또래학습 도우미, 수학과학체험전 또는 축제 도우미, 자선봉사 활동(캠페인·불우이웃 돕기·기아아동 돕기 등)
식품영양학 축산학 생물학 미생물학	업무보조 활동(교내·병원·도서관·기관 등), 돌봄 활동(환우·장애인·독거노인·도시락 배달 등), 자선봉사 활동(캠페인·불우이웃돕기·기아아동 돕기 등), 학습 도우미(복지관·방과후학교·부진 학생 등), 급식 보조 도우미, 청소년유해감시단(유해약물 실태 조사 및 모니터링 활동)
식물자원학 산림학 원예학	업무보조 활동(교내·병원·도서관·기관 등), 자선봉사 활동(캠페인·불우이웃 돕기·기아아동 돕기 등), 돌봄 활동(환우·장애인·독거노인·도시락 배달 등), 농촌봉사 활동, 농가 방문 활동, 수박축제 행사 도우미, 아침 청소활동 도우미, 유기농 공동체 일손 돕기, 환경교육 활동, 저탄소 생활 캠페인 활동, 농촌일손 돕기, 어린이날 큰잔치 도우미, 재외동포 학생 돕기
의류학 패션디자인 디자인	업무보조 활동(교내·병원·도서관·기관 등), 자선봉사 활동(캠페인·불우이웃 돕기·기아아동 돕기 등), 돌봄 활동(환우·장애인·독거노인·도시락 배달 등), 교내 행사 포스터 재능기부, 교내 출간물 디자인 재능기부, 경로당 환경미화, 마을길 청소

❹ 진로 활동

진로 수업, 진로 관련 검사, 진로 관련 탐색 활동 및 진로 상담 등의 내용이 모두 기록될 수 있는 항목이 바로 진로 활동이다. 입학사정관은 진로 활동을 진로 희망 사항과 연계해 참여도, 열정 및 성숙도 등을 파악하며 학생의 지원 동기 구체화, 자아 성찰 과정, 자기 이해, 발전 가능성, 의욕 및 태도 등을 평가하는 데 활용한다.

진로 활동 특기 사항에는 진로 희망과 관련된 학생의 자질, 학생이 수행한 노력과 활동, 학생의 진로 모색을 돕기 위해 학교와 학생이 수행한 활동과 결과, 학생·학부모와 진로 상담을 한 결과, 학생의 활동 참여도, 활동 의욕, 태도의 변화 등 진로 활동과 관련된 사항, 학급 담임교사, 상담 교사, 교과 담당 교사, 진로 전담 교사의 상담 및 권고 내용, 학생의 학업 진로, 직업 진로에 대한 계획서, 진로와 관련된 각종 검사를 바탕으로 특기 사항을 입력하게 되어 있다. 이 항목에서는 자신이 진로를 탐색하는 과정과 그 과정에서 느끼고 배운 점, 진로의 구체적 설정 과정 등이 드러나도록 기록하는 것이 좋다. 직업 흥미 검사 및 성격 검사 같은 검사의 결과를 기록한다면, 검사 결과가 자신의 진로 설정에 어떤 영향을 주었는지 등의 내용을 함께 기록하면 좋다. 담임선생님과 소통해 이러한 부분이 잘 기록되도록 준비하자.

관리하기

1 진로 활동 특기 사항의 최종 입력자는 학급 담임선생님이다. 따라서

자신이 활동한 모든 진로 관련 활동 관련 내용에 대해 담임선생님과 소통하는 것이 중요하다는 사실을 잊지 말자.

2 진로 활동 특기 사항은 학년이 올라감에 따라 성장하는 활동으로 구성되며 더 구체화된 활동으로 이루어지는 것이 좋다.

3 학교에서 이루어지는 행사에 참여한 사실만 기재하는 것은 큰 의미가 없다. 반드시 그러한 활동에서 개인이 실행한 구체적 활동과 그 활동을 통해 배우고 느낀 점을 기록하는 것이 중요하다. 그중에서도 전공에 대한 학생의 관심과 열정이 잘 나타나도록 기록하는 것이 중요하다는 사실을 잊지 말자.

4 학교에서 다양한 활동이 이루어졌다면 자신에게 의미가 크지 않은 활동은 명칭과 간략한 내용만 기록해 글자 수를 아끼자.

5 진로 활동 특기 사항은 꼭 시간순으로 배열할 필요가 없다. 따라서 자신에게 가장 큰 영향을 준 진로 활동부터 중요도 순서로 기록하는 것도 좋은 방법이다.

6 자신의 진로에 영향을 준 활동이라면 상담, 독서, 수업, 체험 활동 등 종류를 막론하고 모든 활동을 자신의 개별적 활동을 중심으로 적도록 하자.

진로 활동 특기 사항 예시

학년	창의적 체험 활동 상황		
	영역	시간	특기 사항
1	진로 활동	34	진로 수업 중 자아 이해 프로그램 '나를 한마디로 말하면' (2019. 3. 24) 시간에 자신을 상대방을 따스하게 감싸주는 오리털 파카로 표현하면서 따스함이란 물리적으로 느끼는 것이지만, 감정적으로도 느낄 수 있는 것이라고 설명하며 자신은 아픈 사람들에게 오리털 파카와 같이 물리적, 감정적 온기를 전달하는 의사가 되고 싶다는 생각을 밝힘. 진로 체험의 날에 대학 병원을 방문(2019. 8. 8)해 병원장, 간호과장, 원무과장과의 대화에 참여함. 병원에도 보이지 않는 곳에서 노력하는 사람들이 있다는 것을 알고 협력의 중요성에 대해 깨달음. 이 경험을 바탕으로 의사에 대해 더 자세히 알고 싶어 직업인과의 만남(2019. 10. 27)에서 외과 전문의를 만나 의사로서의 삶을 자세히 알게 되었을 뿐만 아니라, 특별히 외과 의사로서의 사명감에 대해 깊은 감동을 받고 본인도 외과 전문의가 되기 위해 노력할 것을 다짐함.

다음 참고 자료는 2019년 교육 기부 진로 체험 인정 기관 목록이다. 자신이 살고 있는 지역의 기관을 잘 활용하면 진로에 적합한 활동을 해 볼 기회를 가질 수 있다. 참고해보자.

2019년 1차 교육 기부 진로 체험 인증 기관

출처·교육부 2019년도 1차 교육기관 진로 체험 인증 기관 선정 결과 발표

• 수도권

	시도	기관명	유형	프로그램 분야
1	서울	대림문화재단 (대림미술관)	공공	미술관사람들
2	서울	서울식물원	공공	나는 미래식물학자
3	서울	이음피움 봉제역사관	공공	시대별 아이콘 의상 패션 디자인 체험
4	서울	전쟁기념관	공공	내 꿈은 큐레이터
5	서울	시립창동청소년수련관	공공	진로월드, 아이티 진로 체험 클래스
6	서울	재단법인 월드컬처오픈 화동문화재단	민간	도전하세요! 나만의 직업을 만들 수 있어요
7	서울	(주)릴리프엔터테인먼트	민간	배우의, 배우에 의한, 배우를 위한
8	서울	서울상상나라	민간	수학으로 쓰는 이야기
9	서울	서울현대직업전문학교	민간	SH 일일 진로 체험
10	서울	이레유치원	민간	유치원 교사는 어떤 일을 할까?
11	서울	케이티엠직업전문학교 (현 서울IT직업전문학교)	민간	웹툰 작가 따라 하기, 간단한 프로그래밍으로 게임 만들기
12	서울	한국미래진로개발원	민간	생생 전문 직업인 직업 체험
13	서울	송파조리학원	민간	조리사 진로 직업 체험
14	경기	경인지방통계청 수원사무소	공공	통계청 체험하기! 고래밥 통계 교실
15	경기	평택해양경찰서	공공	우리 청소년에게 배와 바다 알리기
16	경기	수원박물관	공공	박물관에서 꿈을 찾다
17	경기	한국국토정보공사 동두천연천지사	공공	지적측량사 진로 체험

18	경기	권선청소년수련관	공공	꿈을 디자인하는 패션 메이커스
19	경기	농업회사법인 약식동원(주)	민간	전통 음식, 로컬 푸드, TEA 체험
20	경기	프로방스정원	민간	교황빵 만들기, 고급 과정, 프로 파티시에 과정
21	경기	도원카빙	민간	푸드 카빙 체험과 토털 요리 체험
22	인천	주식회사 아이비이애드	민간	진로 및 창업 체험 캠프

• 충청권

	시도	기관명	유형	프로그램 분야
1	충남	충청남도홍성청소년 성문화센터	공공	성교육전문강사 되기 + 체험
2	충남	해양환경공단 대산지사	민간	청소년 해양 환경 교육
3	충남	닥실마을	민간	마을 운영자 과정, 생태 환경 교육 체험
4	충남	천안공방고운	민간	나만의 스카프, 키홀더 만들기
5	충북	농업 법인 회사 햇살블루베리농원	민간	블루베리한살이, 블루베리발효빵 만들기
6	충북	사회적 기업 새움 (진로 교육)	민간	그린Job (친환경 융합 진로 교육 프로그램)
7	충북	솔레트쿠킹아카데미학원	민간	전통 떡 우리 문화 요리 체험
8	대전	충남대학교 자연사박물관	공공	실물 표본 기반 자연사박물관 체험
9	대전	한국식품정보원	민간	식품 산업 진로 체험과 식품 안전 표시 기준의 이해
10	대전	티니안플라워	민간	프리저브드플라워 작가 직업 체험

• 호남·제주권

	시도	기관명	유형	프로그램 분야
1	전남	국립목포병원	공공	찾아가는 중·고등학교 결핵 예방 교육
2	전남	무안생태갯벌과학관	공공	무안 생태 갯벌 모니터링
3	전남	순천시립그림책도서관	공공	특화된 도서관인 순천시립그림책 도서관의 다양한 직업군 체험
4	전남	해양환경공단 목포지사	공공	찾아가는 해양 환경 교육
5	전남	보성군청소년수련원	공공	우주로 Go!(천문학자 진로 체험)
6	전남	군유다원	민간	꽃차 만들기와 다례 체험
7	전남	꽃이야기아카데미	민간	꽃 이야기 아카데미
8	전남	코코허브	민간	함평군 농산물 활용 수제 쿠키 만들기, 식품 가공 관련 직에 따른 식품 가공 공장 운영
9	전북	사단법인 한국농업연수원	민간	농업 교육 운영자 진로 체험
10	제주	에코감귤교육농장	민간	꿈 찾아 떠나는 원예 치료 프로그램

• 강원·대구·경북권

	시도	기관명	유형	프로그램 분야
1	강원	백두대간생태수목원	공공	산림의 소중함 및 아름다움을 일깨워 줄 수 있는 산림 분야 직군 진로 체험
2	강원	브레드텐	민간	쇼콜라티에 직업에 대해 알아보기 +체험
3	대구	핸즈체험터	민간	바리스타 직업 체험
4	대구	센스제과제빵학원	민간	초코머핀 만들기, 소시지빵 만들기, 구리 볼 만들기

5	경북	재단법인경북바이오 산업연구원	민간	이공계 직군의 바이오 백신 산업 진로 체험
6	경북	플레르 블랑	민간	플로리스트가 하는 일의 이해와 체험
7	경북	(주)씨티컴퍼니	민간	희망 스테이지 미래의 꿈을 만나보다!

• 부산·울산·경남권

	시도	기관명	유형	프로그램 분야
1	부산	동서대학교	공공	셰프와 함께하는 직업 체험
2	부산	(주)모락모락	민간	패션 디자이너 업사이클링 진로 체험
3	경남	동남지방통계청 통영사무소	공공	통계청 진로 체험 교실
4	경남	밀양시청소년수련관	공공	바리스타, 네일 아트, 캘리그래피, 풍선 아티스트
5	경남	함양물레방아떡마을	민간	전통 떡 만들기, 피자 만들기, 우리 밀 베이킹
6	경남	더봉하센터	민간	일곱마을 더 봉하, 로컬 푸드 체험 교실
7	경남	진주원제과제빵커피학원	민간	제과제빵 바리스타 진로 체험

3

합격생들의
학생부

진로 로드맵을 이용해
진학 계획 세우기

–

❶ 의과대학 진학 로드맵

가톨릭대 의예과 (일반고)

3년 동안 의사를 목표로 하며 인체구조, 자가면역 질환 등에 관심을 가지고 3년간의 활동 계획을 바탕으로 꿈을 이룬 과정을 소개하겠습니다.

구분	1학년	2학년	3학년
자율 활동	학급 반장 보건신문 제작	학급 반장 과학축전 참여 과학 캠프 멘토로 참여 과학 교육 기부 활동	학급 반장 학업 품앗이 활동
동아리 활동	생명과학 창제 동아리		
봉사 활동	노인 복지 병원, 요양원 봉사 활동		
진로 활동	의학 계열 멘토의 만남 비전 선언문 작성	바이오메디컬학과 체험	진로 활동 발표, 창의 융합 사고력 유기화학 분석
진로 독서	《생물에 둘러싸인 하루》(고선아), 《과학 교과서, 영화에 딴지 걸다》(이재진), 《낙타는 왜 사막으로 갔을까–살아남은 동물들의 비밀》(최형선), 《시골 의사의 아름다운 동행》1, 2(박경철), 《세상을 고친 의사들》(고영하), 《내 시련의 이름은 자유다》(김호경), 《이기적 유전자》(리처드 도킨스), 《면역에 관하여》(율라 비스), 《아군의 포격 자가면역 질환 희망 보고서》(김문호)		

출처·《지방 학생들의 반란, 학종 성공기》(미디어숲), 진주 유원멘토진학학습센터장 안계정

저는 3년 동안 의대 진학을 목표로 의학 계열 멘토와 만나 학업 계획을 구체적으로 세우는 방법을 알게 되었으며, 다양한 보건에 관심을 가지고 보건신문을 제작하는 활동을 했습니다. 특히 생명과학에 관심을 가지고 3년 동안 꾸준히 동아리 활동을 했으며, 과학 교육 기부 활동과 과학 캠프 멘토 활동을 통해 친구들에게 쉽게 설명해줄 수 있도록 공부했습니다. 또한 백반증이 자가면역 질환임을 알고 관련된 자료를 찾으면서 심도 있게 공부했습니다. 또한 일반 화학과 유기화학까지 공부하

면서 원리를 이해하기 위해 노력했습니다. 궁금한 내용은 다양한 과학 관련 책을 읽으면서 지식을 쌓아나갔습니다.

원광대 의예과(일반고)

저는 식물로부터 항생제를 개발해 돌연변이가 생기지 않으면서 저렴하게 생산할 수 있는 백신 연구가가 되기를 희망했습니다. 그런데 우리나라에서는 사람을 대상으로 연구하려면 의사면허증이 있어야 한다는 것을 알게 되었습니다. 그래서 고3 때 기초의학자로 진로를 변경해 3년간의 활동 계획을 바탕으로 꿈을 이룬 과정을 소개하겠습니다.

구분	1학년	2학년	3학년
자율 활동	고품격 인문 독서 과정 토론하기 완도 해조류 박람회 탐방 전남과학축전 참여 나로우주센터 체험 전남수학축전 참여 국립중앙과학관 체험 활동	생각 넓히기 토론 캠프 과학 전문가 초청 특강 EBS 〈장학퀴즈〉 SW 전남 대표 대구과학축전 참여	학습 도우미 바르고 큰 뜻 품기 독서 활동
동아리 활동	생명과학 창제 동아리		
		화학 자율 동아리	
봉사 활동	Peer Tutoring 봉사 활동, 과학/수학 체험 부스 운영, 요양원 봉사 활동		

진로 활동	자기 주도적 진로 탐색 발표회 선후배 연합 동아리 과제 연구 과학기술 드림톡 콘서트 참여	전공 탐색 독서 스터디 선후배 연합 동아리 과제 연구 전남 창의융합형 과학 심화 캠프 전공 탐색 발표회 전문가와 함께하는 소논문	선후배 연합 동아리 과제 연구 전공 탐색 독서 스터디 롤모델 발표
진로 활동	《4차 산업혁명의 충격》(클라우스 슈밥), 《헬스 케어 이노베이션》(최윤섭), 《의학의 역사》(재컬린 더핀), 《바이오 헬스 케어 트렌드》(메가트렌드랩), 《생물학 이야기》(김웅진), 《톡톡 바이오 노크》(김은기), 《케미컬 라이프》(강상욱, 이준영), 《나는 내가 죽었다고 생각했습니다》(질 볼트 테일러), 《인류의 절망을 치료하는 사람들》(댄 보로톨로티)		

출처·《지방 학생들의 반란, 학종 성공기》(미디어숲), 진주 유원멘토진학습센터장 안계정

저는 생명연구원이라는 진로를 꿈꾸며 생명과학 동아리에서 3년 동안 활동했습니다. 동아리에서 체세포 분열 관찰, 물벼룩 심장박동 관찰, 소 눈 해부, 돼지 허파 호흡 원리 탐구, 남조류 분해에 효과적인 산화 물질 탐구 및 관찰, 고분자 카라기난을 분해하는 해양 미생물의 분리 및 특성 분석 등 탐구 활동을 하면서 꿈을 키워나갔습니다. 특히 식물 추출물에서 백신을 만드는 연구를 진행하면서 식물 백신에 관심을 가지고 식물 백신 연구원이라는 구체적인 진로로 발전하게 되었습니다. 제가 배운 지식을 친구들에게 알려주는 피어 튜터링Peer Tutoring 교육 봉사 활동을 3년 동안 지속하면서 친구들에게 쉽게 설명해줄 방법을 터득했습니다. 또한 과학 및 수학축전에 참여해 다른 사람들에게 지식을 나누는 데 기쁨을 느끼고 수학 및 과학 부스를 운영하는 활동도 했습니다. 그리고

전공 탐색 독서 토론 활동에도 참여해 다양한 책을 읽으면서 친구들과 생각을 공유하는 활동을 통해 사고를 넓히는 데 도움을 얻었습니다. 이처럼 궁금한 것을 하나하나 알아가면서 지식을 쌓은 것이 좋은 평가를 받은 것 같습니다.

❷ 생명과학과 진학 로드맵

고려대 생명과학과(일반고)

단순한 감기에 관심을 가지면서 백의종군 답사를 하게 되었습니다. 녹차의 카테킨의 항암 작용에 관심을 두면서 부작용이 없는 항암제 개발로 진로를 확장해 3년간의 활동 계획을 바탕으로 꿈을 이룬 과정을 소개하겠습니다.

구분	1학년	2학년	3학년
자율 활동	학급 부반장 솔리언 또래 상담	백의종군 답사(보고서 및 연구 발표) 서울대 농생대 캠프	백의종군 답사(과학도의 윤리 보고서)
동아리 활동	생물 실험 창체 동아리 3년		
	논어 강독 자율 동아리		
	수학 자율 동아리	생명과학 자율 동아리	

봉사 활동	장애인 복지시설에서 3년간 봉사 활동		
진로 활동	학술제 진로 포트폴리오 발표 찬반 토론 참여 오픈캠퍼스 의예과 참여	디지털 시대 바람직한 인간상과 지속 가능한 발전 고민 세포 유동성 토론 참여 노화의 원인과 해결 방안 발표 오픈캠퍼스 수의예과 참여 miRNA 탐구 보고서	녹차 카테킨 성분의 암 예방 효과에 대한 연구 항암 치료 논문 조사 발표 캠벨 생명과학 책을 읽고 궁금한 점 조사
진로 활동	《생명의 미학》(박상철), 《생물과 무생물 사이》(후쿠오카 신이치), 《종의 기원》(찰스 다윈), 《세포의 반란》(로버트 와인버그), 《생명의 비밀을 밝힌 기록 : 이중 나선》(이한음)		

출처·《지방 학생들의 반란, 학종 성공기》(미디어숲), 진주 유원멘토진학학습센터장 안계정

저는 1학년 때부터 생명과학에 관심이 많아 생물 실험 동아리 활동을 꾸준히 하면서 세포 유동성, 노화에 대한 연구를 통해 '암세포 연구원'이라는 구체적인 진로를 결정할 수 있었습니다. 특히 백의종군 답사 과정에서 녹차를 이용한 암 예방을 주제로 보고서를 작성하면서 항암제에 관심을 가지게 되었습니다. 고등학교에서는 장비가 부족해 서울대 농생명과학 캠프를 통해 실험의 중요성과 재미를 깨달았습니다. 또 대학 진학 시 원서로 공부한다는 것을 알고 원서를 충분히 읽을 수 있도록 영어 실력을 향상시켰습니다. 다양한 실험 및 탐구 토론 동아리에서 과학 이론을 정리하고 논문을 참고해 지식을 쌓으며 학업 역량과 전공 적합성을 키워나가기도 했습니다.

❸ 간호학과 진학 로드맵

가천대 간호학과(일반고)

고2 때까지 수학이 좋아서 수학 교사를 희망하고 수학 동아리에서 중점적으로 활동했었습니다. 그러다가 2학년 말쯤 모자동행 요양병원 봉사 활동을 통해 독감과 사스에 관심을 가지면서 감염 전문 간호사로 진로를 구체화한 3년간의 활동 계획을 바탕으로 꿈을 이룬 과정을 소개하겠습니다.

구분	1학년	2학년	3학년
자율 활동	학급 반장 리더십 함양 과정(3박 4일)	학급 반장 학급 미화부장 학교 축제 '프로듀스208' 발표	약물 오남용 교육
동아리 활동	수학 MT(창제 동아리 3년)		
	과학 동아리		간호 동아리, TED 동아리
봉사 활동	3년간 모자 동행 요양 병원 봉사 활동		
진로 활동	토론 논술 캠프	과학축전 참여 꿈 명함 만들기(간호사)	직업인 멘토링 캠프_간호사 자동 제세동기 시연 응급처치 TED 강연 심리학 보고서
진로 독서	《미생물의 힘》(버나드 딕슨), 《면역의 의미론》(타다 토미오), 《행복한 호주 간호사》(김경은), 《사랑의 돌봄은 기적을 만든다》(김수지), 《내 몸 공부》(엄융의), 《백신의 덫》(후나세 슌스케), 《심리학 콘서트 스페셜 : 다고의 독심술》(다고 아키라)		

출처·〈지방 학생들의 반란, 학종 성공기〉(미디어숲), 순천 내일드림교육연구소장 정유희

저는 3년간 '모자 봉사 활동'이라는 프로그램을 계기로 간호학과에 관심을 갖게 되었습니다. 기숙사 생활을 하면서 공부하다 보니 엄마랑 함께할 시간이 별로 없었어요. 그래서 학교에서 운영하는 모자 봉사 활동으로 노인 요양 병원에서 일하면서 엄마랑 같이 보내는 시간이 좋았고, 다른 사람을 도와준다는 것이 매우 뿌듯했어요. 그러다 노인 요양 병원에서 어르신 한 분이 독감에 걸리면 다른 분들도 독감에 걸리는 것이 안타까워서 효과적인 예방 방법이 없을까 고민하게 되었어요. 특히 감염 경로, 건강 상태와 감염의 상관관계를 알아보고자 학생들과 어르신들을 대상으로 감염에 관한 설문 조사를 실시했죠. 그 결과 노인 분들이 많이 걸리지만, 기숙사 생활처럼 공동생활을 할 경우에도 많이 발생한다는 것을 알게 되었답니다. 그러면서 자연스럽게 건강한 삶을 위해 감염 전문 간호사를 진로로 정하게 되었습니다.

교과 세특(세부 능력 특기 사항)으로
학생부 완성하기

–

❶ 의과대학 교과 세특으로 학생부 완성하기

가톨릭대 의예과(일반고)

구분		세부 능력 특기 사항
1학년	생활과 윤리	'안락사 제도를 시행해야 하는가?'라는 토론에서 찬성 입장으로 자신의 생각을 논리적으로 발표해 뛰어난 설득력을 보임. 과학기술의 가치중립성을 지지하는 입장인 플라니, 반대하는 입장인 하이젠베르크에 대해 조사하고 발표해 과학기술의 바람직한 발전 방향에 대해 생각하는 모습을 보임.
	과학	평소 생명과학에 흥미를 느껴 세포 관련 책에 많은 관심을 보임. 신장 투석기와 인공장기의 장단점에 대해 토론함. 교내신문만들기대회에서 지카바이러스에 대한 신문을 만들어 발표함. 생명과학 분야에 대한 해박한 지식을 가지고 있으며, 실험 시 변인 통제가 거의 정확해 결과를 잘 이끌어냄. T림프구와 B림프구의 세포성 면역과 체액성 면역 과정을 그림으로 그려 학우들의 이해를 도움.
2학년	영어 회화	한 가지 주제를 선정해 영어로 발표하는 수행평가에서 '면역 체계를 재교육하라'라는 TED 강의를 인상 깊게 듣고, '우리 몸의 면역 체계와 관련된 질병'을 주제로 발표를 함. 발표가 유창하고 자연스러울 뿐 아니라 대본을 참고하지 않고 전체 내용을 숙지하고 있어 놀랐고, 전문 용어를 이해하기 쉽게 번역·설명해 청중과 적극적으로 소통한 점이 특별하게 다가왔음.
	생명 과학 I	영화를 통해 뇌 이식 수술에 과학적 호기심을 느껴 이를 주제로 보고서를 작성함. 뇌 이식 수술의 실제 사례와 현재 과학기술의 수준을 서술했음.

3 학 년	**생명 과학Ⅱ**	유전학에서 복잡한 가계도를 분석하는 능력이 뛰어남. 통계학적 이해가 빨라 다인자 유전 현상에 표현형의 확률 조합을 이용해 쉽게 계산해냄.
		백반증이 자가면역 질환임을 알고, 이에 대해 궁금증을 가지고 꼼꼼하게 조사해 탐구했으며, 그 내용을 친구들에게 쉽게 설명함.
	영어 독해와 작문	세포 노화와 텔로미어^{Telomere} 염색체 말단의 불완전한 DNA 복제가 세포 증식 능력의 감소를 초래하고 세포 노화를 유발한다는 가설에 궁금증을 가지고 조사. 염색체 말단 구조의 상실이 세포 노화와 관련이 있다는 최초의 실험적 증거 등을 사례로 들어 학생들에게 쉽게 설명하는 능력이 뛰어남.

원광대 의예과(일반고)

구분		세부 능력 특기 사항
1 학 년	**물리Ⅰ**	선후배 연합 동아리 과제 연구에서 '소리가 장애물을 넘어서 들리는 원리'라는 주제를 선정하고 파동의 회절과 투과에 대해 연구해 둘의 차이를 구별하고 회절과 투과가 더 잘 일어나는 조건을 조사해 발표함. 여러 가지 발전 방식 중 원자력발전에 대해 조사해 경수로, 중수로, 고속 증식로의 원리와 특징을 급우들 앞에서 발표하고 박수를 받음.
	화학Ⅰ	교과서의 '약인가 독인가, 방사선의 이용'이라는 읽기 자료를 본 후 방사선의 장단점에 대해 알아보고 안전한 방사선 이용 방법에 대해 생각해봄.
	철학	NIE 논술에서는 칸트의 의무론적 윤리설과 벤담의 공리주의 입장에서 바라본 인간 배아의 존엄성과 생명권 문제 등 논란의 여지가 있는 주제로 논술할 때 생명과학기술을 인간의 질병 예방 및 치료 등을 위해 개발·이용할 수 있음을 근거로 제시하며 공리주의적 관점, 즉 목적론적 윤리설 입장에서 자신의 의견을 설득력 있게 논술하고 발표함.

2 학 년	독서와 문법	진로 관련 독서 발표에 참여해 면역 항암제와 관련된 신문 기사를 읽고, 암세포가 증식하는 과정과 기존 항암 치료의 특징, 부작용에 대해 언급한 뒤 2018 노벨 생리의학상 수상자인 제임스 앨리슨 교수와 혼조 다스쿠 교수가 밝힌 면역 항암제의 원리와 활용 방안을 추가로 설명하는 등 다양한 자료를 수집해 내용을 설명. 특히 생명공학자로서 항암 연구를 통해 건강한 노후를 제공하겠다는 포부를 밝힘. 이후 암에 대해 추가적인 정보를 수집하기 위해《암의 스위치를 꺼라》(레이먼드 프랜시스)라는 책을 읽고 자신의 사고를 키우고 관점을 확립함.
	기하와 벡터	기하 영역과 관련된 자유 주제 탐구 활동에서 '쌍극자모멘트'를 주제로 탐구해 제출한 보고서가 동기, 과정 및 자신의 소감을 포함한 결론의 형식을 잘 갖추었으며 내용 또한 심도가 있어 연구자로서의 역량을 보임.
	심화 영어	화학이나 생명공학 및 의약학 분야와 관련된 지문에 대한 호기심이 많고 실제 영어 프리젠테이션 활동에서 화학합성 의약품과 바이오 의약품을 소개하고 바이오시밀러와 제네릭 의약품의 차이를 비교해 상세히 영어로 설명함. 어려운 영어 표현이 많음에도 불구하고 가급적 쉽고 이해가 용이한 문장 구조를 최대한 활용해 영어로 설명하려고 노력함. 아울러 의약품 저작권이 20년이 지나면 모방약의 생산이 가능하다는 점과 한국 제네릭 의약품의 소비 비중, 세계 바이오시밀러 시장의 확장 추세와 함께 국가적 투자 및 생산의 필요성을 영어로 설명함으로써 교우들이 의약품 산업에 관심을 갖도록 유도함.
3 학 년	화학Ⅱ	《케미컬 라이프》(강상욱, 이준영)를 읽고 화학물질을 정확하게 알고 사용해야 하는 이유를 학습함. 곤충의 생물학적 특성을 이용한 DDT의 살충 원리와 분해 과정에서 DDT가 환경에 미치는 부정적인 영향을 소개함. DDT를 대체할 수 있는 친환경 살충제를 조사하고 화학 농약의 폐단을 설명했으며 화학 농약을 대체하는 식물 호르몬을 기반으로 한 약제나 천적을 이용한 해충 퇴치법 관점에서 보고서를 작성함. 오레가노 오일 같은 천연 항생제를 조사해 소개하는 등 호기심이 많고, 궁금한 점을 끝까지 탐구하는 열정이 있음.

생명 과학Ⅱ	생체 칩 상용화 방안을 주제로 한 토의에 참여해 안정성과 관련된 논문을 읽으며 준비함. '생체 칩은 간편하다는 장점이 있지만, 프라이버시 침해와 건강상의 부작용 등의 단점이 더 크기 때문에 생체 칩 상용화는 시기상조다'라는 의견을 조리 있게 제안함.

❷ 생명과학과 교과 세특으로 학생부 완성하기

<u>고려대 생명과학과</u>(일반고)

구분		세부 능력 특기 사항
전 공 적 합 성	개인 세특	생명공학 내용에 강점을 보여 mRNA 번역 문제, 염기서열 및 코돈 추론 문제를 그림으로 그려보면서 RNA코돈을 DNA의 염기서열로 바꿔 생각하는 것이 효과적이라는 것을 학우들에게 알려줌. 정보학술제에게 탐구한 '세포질 유동에 유리한 용매, 물' 주제와 관련해 생물학 책에서 '물의 화학' 단원을 공부해 이해함.
	영어Ⅰ	'텔로미어와 암Telomere and Cancer'을 주제로 암세포연구원에 대해 발표함. 텔로미어 관련 영어 논문을 찾아보고 학우들에게 설명함. 암세포의 특징에 대한 영어 설명문을 통해 의학 분야에 많이 나오는 용어를 정리해 소개함.
	생명 과학	A형 인플루엔자가 사람에게 감염되는 경로 보고서 작성. 유전자 돌연변이의 종류와 발생하는 원인 발표, 이항분포와 정규분포의 관계 토론에서 모둠장 역할 수행.
	영어Ⅱ	암세포의 특징에 대한 영어 설명문을 보고, 주어진 문장을 삽입하는 유형의 문제로 바꾸어 학우들과 함께 풀어봄. 암세포의 특징을 기존 세포와 비교해 학우들이 잘 이해할 수 있도록 설명함. 또 의학 분야에서 많이 사용하는 어휘를 정리해 소개함.

	생명 과학Ⅱ	암세포 최신 연구 사례를 질문하면서 miRNA의 큰 범주인 비번역 RNA^{Non-coding RNA}에 대해 발표함. Lnc RNA^{Long Non-coding RNA}를 향후 연구 과제로 설정함.
	영어 독해와 작문	과학적 호기심을 가지고 스스로 질문을 만들어 탐구함. '염증 반응의 긍정적 영향'에 대한 지문을 정리하면서 부정적인 영향까지 조사함. 만성 염증이 심장마비, 뇌졸중, 알츠하이머 환자의 뇌 신경 세포를 파괴할 수 있으며, 암세포 형성을 촉진할 수 있다는 내용을 영작해 발표함.
	화법과 작문	대학교 과학 캠프에서 겔 전기영동^{Gel Electrophoresis} 내용을 접하고 분자생물학 기초 실험에 대한 공부를 스스로 함. 겔, 등전점, 모세관, 마이셀 크로마토그래피 등 다양한 종류의 전기영동법을 찾아봄. pH에 따라 +전하, −전하로 분류하는 등전점 전기영동과 분자량에 따라 구분하는 2차원 겔 전기영동법에 대해 공부하고, DNA 마커^{Marker}를 사용해 단백질을 구성하는 유전자 서열을 확인하여 분류할 수 있는 방법을 학우들에게 쉽게 잘 설명했음. 또 철학적 질문에도 논리적으로 잘 답변함.
인 성	법과 정치	'생명과학을 이용한 농업 관련 기업의 횡포'를 주제로 '몬산토' 기업이 GMO 기술을 독점하고 횡포를 부려 제3국가의 경제적 종속이라는 결과를 가져왔다는 데 주목함.
	생명 과학Ⅰ	'가타카^{Gattaca}' 유전자 조작의 폐해와 유전자 조작 기술의 장점, 부정적인 가능성에 대한 연구도 병행해야 한다고 발표. 호르몬에 대해 관심이 많으며 복잡한 메커니즘을 도식화해 이해하는 모습을 보임.

❸ 간호학과 교과 세특으로 학생부 완성하기

가천대 간호학과(일반고)

구분		세부 능력 특기 사항
전공 적합성	수학	미적분에 관한 보고서 작성(포도주 병의 부피를 구분구적법으로 풀이하는 방법 소개 및 시대적 배경, 원리 설명). '삼각함수의 그래프와 방정식의 해 구하기' 주제 발표 및 보고서 제출 (수학 소프트웨어 지오지브라^{Geogebra} 이용해 보고서 작성). 피보나치수열, 개미수열, 타일 깔기와 수학적귀납법, 도형을 이용한 자연수 거듭제곱의 합 구하기 등을 탐구함.
	물리	압전소자를 이용한 전자기타 제작 실험, 줄의 정상파 실험, 코일과 자석을 이용한 손 발전기 제작 실험, 헤르츠의 전자기파 검출 실험을 다른 학생들과 협력해 차분하게 진행.
	화학	원자모형의 변천 과정 미니 북 제작, 물 전기분해 실험 팀장으로 보고서 작성, 물의 역반응인 전기분해를 통한 연료전지 제작.
	생명 과학	파스퇴르의 탄저병 백신 발견 보고서 작성, DNA 모형 만들기 활동. '지카바이러스와 모기 매개 질병에 맞선 비밀 무기' 논문을 읽고 지카바이러스가 퍼진 경로와 예방법, 소두증과의 연관성에 관한 보고서 작성.
	지구 과학	'황사와 미세 먼지' 주제 발표.
	화학	《물질의 변화와 에너지》 미니 북 제작, '흡혈귀야! 흡열반응으로 가져가줘' 시 발표.
	개인별	예방 접종과 질병의 발생 정도를 설문 조사한 후 '면역력을 높이자~!'를 주제로 감염을 예방할 수 있는 빙법을 담은 보드를 제작해 게시판에 게시.

인성	영어	미국 의료 실태 지문을 읽고 환자의 건강과 행복을 위한 정직한 의료 서비스를 제공하는 간호사 희망.
	사회	도시화와 산업화에 따른 주거공간과 생태환경의 변화를 파악하고, 그로 인해 나타나는 인간의 생활방식의 변화를 긍정적 측면과 부정적 측면에 대한 수행과제를 지역개발 및 보전과 관련해 다양한 입장이 전제되어야 함을 잘 설명했음. 또한 다양한 갈등양상의 사례를 조사해 그 해결방안을 제시함.

자기소개서로
나를 브랜딩하기

-

❶ 의과대학 자기소개서

가톨릭대 의예과(일반고)

4번 수상 경력	창의융합사고력대회(유기 분석) 최우수상(1위) 과학 캠프 비실험부문 최우수상(1위)
7번 창체 활동	동아리 활동(지카바이러스 조별 조사 탐구, 자가면역 질환과 그 종류 발표, 세균을 구분하는 그람 염색법)
9번 독서 활동	《면역에 관하여》(율라 비스) 《아군의 포격−자가면역 질환 희망 보고서》(김문호)

자기소개서 2번) 고등학교 재학 기간 중 본인이 의미를 두고 노력했던 교내 활동을 배우고 느낀 점을 중심으로 3개 이내로 기술해주시기 바랍니다. 단, 교외 활동 중 학교장의 허락을 받고 참여한 활동은 포함됩니다 (1,500자 이내).

더 깊이 있는 지식 탐구를 위해 기본 개념을 바탕으로 한 심화 학습에 도전하기로 결심했습니다. 특히 과학에 깊은 관심을 가지고 생명과학 동아리 '이마고'를 통해 다양한 실험으로 심화 학습을 했습니다. 최근 이슈였던 지카바이러스의 감염 경로를 중심으로 조사해 발표했고, 치료법에 대해 부원들과 토론하기도 했습니다. 영화를 통해 뇌 이식에 관심이 생겨 이를 주제로 혼자 보고서를 작성하고 탐구했습니다. 뇌 이식의 실제 사례와 현재 과학기술의 수준을 비교하며, 뇌 이식 수술은 아직 신중한 접근이 필요하다는 결론에 도달했습니다. 보고서를 작성하느라 생명과학 성적이 떨어지는 안타까운 일도 있었지만, 관심 있는 주제에 대한 심화 학습을 통해 새로운 지식이라는 가치 있는 산물을 얻었다고 생각합니다.

4번 수상 경력	진로활동발표대회 장려상(3위) 모범상(봉사)
7번 창체 활동	생명과학 동아리 활동(백반증 등의 자가면역 질환 탐구, 질병의 원인과 그 질병을 치료할 수 있는 방안 탐구)

9번 독서 활동	《세상을 고친 의사들》(고영하)
	《면역에 관하여》(율라 비스)
	《아군의 포격 – 자가면역 질환 희망 보고서》(김문호)

자기소개서 4번) 해당 모집 단위에 지원하게 된 동기와 지원하기 위해 노력한 과정을 구체적으로 기술해주시기 바랍니다(띄어쓰기 포함 1,000자 이내).

고등학교에 진학한 저는 백반증에 대해 심도 있게 탐구했는데, 과학 동아리 활동을 통해 백반증의 원인은 불명이나 자가면역 질환으로 분류된다는 사실을 알았습니다. 백반증에 대해 탐구할수록 질병의 원인도 모르고 평생 괴로워하는 환자들이 더욱 안타까웠고, 그들을 돕고 싶은 마음이 들었습니다. 생명과학에 대한 주제를 다루는 동아리에서는 바이러스와 세포에 대한 다양한 주제를 탐구했습니다. 거기서 백반증뿐 아니라 원인이 밝혀지지 않은 여러 질병이 존재한다는 것을 알게 되었고, 그러한 질병에 대한 해결책을 두고 부원들과 토의하기도 했습니다. 고등학교에서 쌓아온 지식과 탐구 자세를 바탕으로 가톨릭대 의학과에 진학한 후에도 이 분야를 폭넓고 관심 있게 공부하고 싶습니다. 대학교에서 전문적인 지식을 익혀 질병에 대한 실용적인 의료법을 찾는 것이 저의 목표입니다. 가톨릭대 의대가 중시하는 '생명 존중' 정신을 바탕으로 소명 의식을 가지고 고통 받는 사람들을 치료하는 의사가 되고 싶습니다.

원광대 의예과(일반고)

4번 수상 경력	과학동아리발표대회 은상(2위) 과학탐구대회(생명과학) 동상(3위)
7번 창체 활동	진로 활동(선후배 연합 동아리 과제 연구, EM과 피톤치드를 활용한 손 세균 항균 효과 탐구의 후속 연구로 구강 세균 항균 효과를 탐구함)
8번 교과 세특	**과제 연구** ┃ '피톤치드를 이용한 구강 세균의 제거' 주제로 가설을 세우고 실험 과정을 설계하면서 최종 탐구 주제로 'EM과 피톤치드의 혼합 비율에 따른 항균 효과 탐구'를 선정함. 실험 과정 중 항온기 내부의 높은 온도 때문에 균이 증식하지 못하는 등의 어려움을 조원들과 협업해 실험 과정을 반복함으로써 극복해내는 모습이 인상적이었음.

자기소개서 2번) 고등학교 재학 기간 중 본인이 의미를 두고 노력했던 교내 활동에서 배우고 느낀 점을 중심으로 3개 이내로 기술해주시기 바랍니다. 단, 교외 활동 중 학교장의 허락을 받고 참여한 활동은 포함됩니다(1,500자 이내).

평소 과학 실험을 하고 관련 도서를 읽는 것을 좋아해 막연하게 연구원이라는 꿈을 가지고 있었는데, 2학년 겨울방학 때 공동 교육과정으로 과학 과제 연구 과목을 수강해 체계적인 탐구를 진행하고 싶어졌습니다. 항균 효과와 관련된 실험을 모색하던 중 '친환경 항균제로 유명한 EM과 피톤치드의 혼합 비율에 따라 항균 효과가 달라지지 않을까?' 하는 의문이 들어 'EM과 피톤치드의 혼합 비율에 따른 항균 효과'를 주제로 탐구를 진행했습니다. 과목을 수강하면서 배운 기본적, 통합적 탐구 방법을 활용해 실험 설계를 이해하고, 배지를 만들어 손 세균과 구강 세균을 배양했고, 그 후 배지에 EM과 피톤치드의 혼합 용액을 도말한 뒤 육안으로 균의 증식 정도를 비교했습니다. 하지만 실험을 하는 도중 변수가 생겼는데, 구강 세균이 항온기의 온도를 이겨내지 못한 것입니다. 따라서 손 세균으로만 본 탐구를 진행하게 되었습니다. 손 세균으로 진행한 탐구의 결과는 놀라웠습니다. EM과 피톤치드의 혼합 비율이 1:1이었을 때가 균의 증식이 가장 억제되었습니다. 이를 바탕으로 보고서를 작성했지만, 과학 과제 연구 과목을 수료했음에도 마음 한편에는 실험을 진행하지 못한 구강 세균에 대한 미련이 남았습니다. 그래서 3학년 선후배 연합 동아리 활동 때 미처 하지 못했던 탐구를 진행하기로 결정하고, 같은 조였던 친구들과 함께 앞선 탐구와 마찬가지로 배지를 만들어 구강 세균을 키우고 혼합 용액을 도말해 항균 효과를 알아보았습니다. 실험 결과 구강 세균 또한 손 세균과 마찬가지로 1:1의 혼합 용액에서 항균 효과가 최대로 나타났습니다. 이 결과를 통해 보고서를 수정해 본 탐구를 제대로 마무리할 수 있었습니다. 이를 통해 기간을 두고 한 가지 주제만 집요하게 파고들어 탐구하는 즐거움을 얻을 수 있었으며, 이러한 경험은 대학에서 진행하는 장기 연구에 큰 도움이 될 것이라고 생각합니다.

7번 창체 활동	진로 활동(과학 전문가 초청 특강을 듣고, KOCW에서 생물물리학 강의를 듣고 생명 현상을 물리적 법칙과 방법을 사용해 연구하는 것에 관심을 가짐)
	자율 활동(실험 캠프 참여, 생물 실험에서 그람 염색을 진행하면서 균이 그람 양성균과 그람 음성균으로 분류됨을 알고 보고서를 작성함)
8번 교과 세특	**생명과학 실험** ┃ 'pGLO 박테리아 형질전환'실험에서 아라비노스가 있는 배지에서 형질전환이 잘된다는 것을 알게 됨. UV램프로 확인할 수 있는 실험에 대해 추가적으로 조사하는 열정을 보임. 추가적으로 형질전환이 생명공학에서 사용되는 예시까지 조사해 학우들을 이해시킴.

자기소개서 4번) 해당 모집 단위에 지원하게 된 동기와 지원하기 위해 노력한 과정을 구체적으로 기술해주시기 바랍니다(띄어쓰기 포함 1,000자 이내).

2학년 때 민간요법에서 사용하는 지네 식초의 다양한 효능에 의문이 생겨 이를 탐구하기로 결정했습니다. 이에 '지네 식초의 살균 효과와 살충 효과'를 주제로 선정했습니다. 처음에는 관련 선행 연구가 전무해 탐구를 어떤 식으로 진행해야 할지 굉장히 막막했습니다. 심지어 중간 심사를 받으면서 준비가 미흡하다는 지적까지 받았습니다. 저희는 이를 해결하기 위해 인터넷에서 지네 전문가를 찾아 연락을 드렸고, 그중 한 분을 직접 만나 지네 식초에 대한 정보를 얻을 수 있었습니다. 그 후 전문가의 조언에 따라 지네 식초를 제조한 뒤 배지에 배양한 균과 진딧물에 노출된 식물에 살포하고, 살균 효과와 살충 효과를 분석했습니다. 살충 효과 실험

에서는 뚜렷한 데이터가 도출되지 않아 좌절도 했지만, 이에 굴하지 않고 계속 실험을 반복해 과학적으로 의미 있는 데이터를 얻을 수 있었습니다. 결과는 놀라웠습니다. 지네 식초의 살균 효과와 살충 효과가 모두 탁월한 것으로 나타난 것입니다. 저희는 이 결과를 보고서와 차트로 작성해 최종 발표 날, 이를 조리 있게 설명했습니다. 다행히 심사위원들에게 흥미롭고 의미 있는 연구라는 평을 들었습니다. 탐구를 진행하면서 연구를 하는 데 많은 시간을 들였고, 이 때문에 성적이 하락하기도 했지만, 주도적으로 탐구를 진행하고, 과학적 사고를 하며, 시행착오를 극복하는 힘을 기를 수 있었기 때문에 저에게 굉장히 가치 있는 시간이었다고 생각합니다.

❷ 생명과학과 자기소개서

고려대 생명과학과(일반고)

4번 수상 경력	1학년/학력경시대회(수학) 은상 2학년/학력경시대회(수학) 은상 2학년/자연논문 부문 은상 3학년/학력경시대회(수학) 동상

7번 창체 활동	동아리 활동 │ (수학) 1:1 수학 학습 멘토, 작은수학체험전
	(생물)세포의 밀도 의존성 억제 현상과 부착 의존성에 반해
	암세포의 무한 증식성에 대해 탐구 진행
	진로 활동 │ '생명과학(캠벨)' 암세포를 막는 방법의 인식과
	작동 메커니즘 보고서 작성

자기소개서 1번) 고등학교 재학 기간 중 학업에 기울인 노력과 학습 경험에 대해 배우고 느낀 점을 중심으로 기술해주시기 바랍니다(1,000자 이내).

낮은 수학 성적에 큰 충격을 받고 스스로에게 시간을 주며 문제점을 고민했습니다. (중략) 조건의 변화와 확장을 적용한 공부는 '만약 ~라면?'이라는 의문을 제기하는 사고에 익숙해지는 계기가 되었고, 이는 수학뿐아니라 다른 과목과 실험 설계에도 큰 도움이 되었습니다.

 이러한 것이 계기가 되어 이론을 학습하고 해결책을 생각한 후, 전문서적을 찾아보며 확인·수정하며 관심 분야를 지속적으로 탐구했습니다. 암세포의 무한 분열에 매력을 느끼고 정상 세포와 암세포의 차이점, 다단계 발암 기전에 대해 공부하고 BRCA2 및 3세대 항암제 연구 사례를 조사했습니다. 하지만 암세포에 대해 깊이를 더해갈수록 지식의 한계를 느꼈습니다. 그래서 '캠벨 생명과학 Campbell Biology'을 암의 무한 증식을 중심으로 공부하고 관련 논문을 찾아보았습니다. 이 과정에서 '만약 세포주기 조절 인자를 제어한다면, 무한 분열을 막을 수 있지 않을까?'라는 생각이 들어 G0기 세포의 신호 조절 방법을 응용해보았습니다. 하지만 아무 곳에서나 분열을 멈추는 암세포의 특성상 G1 확인점에서 생장 인자를 차단해도 분열을 계속한다고 판단해 다른 방법을 고민하던 중, miRNA를 접했고, 유전자 발현 단계에서의 조절 방법을 공부했습니다. 그 후에는 세포분열 촉진 기전과 miRNA 생성 과정을 공부하며 Snc RNA, Lnc RNA를 알게 되었고, 이는 목적 유전자와의 작용 기전 연구를 통해 암세포 유전자 발현 억제 연구의 꿈을 가지게 해주었습니다.

7번 창체 활동	자율 활동	백의종군 1차 답사 후 '녹차가 건강에 미치는 영향' 주제로 보고서 작성. 서울대 농생대 캠프 참가.
	동아리 활동	(생물) '발암물질인 니코틴이 체내 장기에 미치는 영향' 실험 계획.
	진로 활동	'녹차 카테킨 성분의 암 예방 효과에 대한 연구' 실험.

자기소개서 2번) 고등학교 재학 기간 중 본인이 의미를 두고 노력했던 교내 활동을 배우고 느낀 점을 중심으로 3개 이내로 기술해주시기 바랍니다. 단, 교외 활동 중 학교장의 허락을 받고 참여한 활동은 포함됩니다 (1,500자 이내).

'암세포 연구원'의 꿈을 위해 할 일, 진학할 학과, 암과 노화에 관한 기본적인 지식을 조사해 '전공 탐구 보고서'를 만드는 것부터 시작했습니다. 이는 목표를 이루기 위한 청사진을 그리고 꿈에 대한 확실성을 가지게 해주어 다음 활동에 매진하는 원동력이 되었습니다. 최근의 암 연구 사례와 연구 동향을 알고 싶어 2학년 2학기부터 암 관련 신문 기사를 스크랩하고 그 밑에 저의 생각을 덧붙이기도 했습니다. 백의종군로 발표를 준비하며 녹차 카테킨의 화학반응에 대해 조사한 것을 바탕으로 3학년 때는 카테킨 항암 작용의 실효성에 대한 실험도 진행했습니다. 서울대 농생대 캠프에서 배운 증식 배지 제조법을 이용해 암세포를 직접 증식시키는 실험을 계획하고 암세포를 구하기 위해 연구실에 연락해 허락도 받았지만, 액체질소 통에 담아 직접 가져가야 한다는 조건이 있어 실현하진 못했습니다. 그래서 대장암은 포화지방산 분해 정도를, 구강암은 흡연 후 필터 색 변화를, 식도암은 녹차의 염분 흡수 정도를 측정하는 것으로 실험 계획을 변경해 암 발생 주요 원인에 관련된 카테킨의 효과를 확인했습니다. 또 이를 정리해 〈녹차 카테킨 성분의 암 예방 효과 연구〉 보고서를 만들어 학술제에 참여했습니다. 암세포로 직접 실험하지 못해 정확한 효능을 확인하지 못한 아쉬움은 있지만, 스스로 실험을 설계하고 주어진 환경에 따라 실험 계획을 변경하며 실험의 기회를 의미 있게 활용하기 위해 노력했습니다. 또 3년간 크게는 '생명과학', 작게는 '암세포 연구원'이라는 하나의 목표에 지속적으로 매진했고, 이 목표가 대학으로 이어져 평생을 함께하고 싶습니다.

❸ 간호학과 자기소개서

가천대 간호학과(일반고)

4번 수상 경력	1학년/표창장(봉사 부문) 1학년/수리모둠활동시상(5인) 우수상(2위) 2학년/표창장(선행 부문) 2학년/수리탐구력대회/동상(3위)
7번 창체 활동	**동아리 활동** ┃ 생명 토론 자율 동아리('동물의 장기를 이용하는 이종이식이 정당한가?' 주제 토론, 면역학 대학 강의를 듣고 〈이종 장기이식의 현황과 전망〉 논문을 읽으며 반론을 잘함)
	진로 활동 ┃ 주제 탐구 활동으로 '예방접종과 질병의 발생 정도' 설문 조사 실시

자기소개서 1번) 고등학교 재학 기간 중 학업에 기울인 노력과 학습 경험에 대해 배우고 느낀 점을 중심으로 기술해주시기 바랍니다(1,000자 이내).

바쁜 고등학교 시절에 어머니랑 함께하는 시간이 부족했던 제게 한 달에 한 번 장애인 복지기관에 가는 시간은 아주 소중했습니다. 꾸준히 봉사 활동에 참여하면서 '60대 이상 어르신들이 추위를 잘 타는 이유는 뭘까? 또 감기에 잘 걸리는 이유는 뭘까?' 하는 궁금증이 생겼습니다. 교과서를 통해 기초대사량이 부족해 발생하는 열량이 적기 때문이라는 것을 알게 되었습니다. 그리고 감기에 잘 걸리는 이유가 면역력이 약해서 그런 것인지, 예방접종을 받지 않아서 그런 것인지 궁금해 '노년기 예방접종'에 대해 알아보았습니다. 그런데 예방접종은 모두 비슷할 거라는 제 생각과는 다르게 노인 예방접종은 소아 예방접종과는 접종 목적부터 다르고, 노인 예방접종은 발병 예방률을 그리 높여주지 않는다는 사실을 알게 되었습니다. 이렇게 예방접종이 연령층에 따라 다른 효과를 발휘한다는 점이 매우 흥미로웠습니다. 그래서 친구들은 예방접종을 얼마나 자주 하는지, 그리고 발병 예방 효과는 얼마나 될지 궁금해 설문 조사를 실시했습니다. 예방접종을 한 학생이 약 55%(60명 중 34명), 이들 중 감기에 걸린 확률은 약 11%(34명 중 4명)였고, 예방접종을 하지 않은 학생 중 감기에 걸린 확률은 약 23%(26명 중 6명)라는 것을 알게 되었습니다. 이를 통해 의외로 예방접종을 하지 않아도 감기에 걸리지 않는 건강한 친구가 많다는 것을 깨달았습니다. 그 친구들의 공통점을 조사해본 결과, 대개 밤 12시 이전에 잠을 자며, 규칙적인 생활을 했습니다. 이런 생활이 면역력을 높이는 행동이라는 것을 알게 된 저는 에덴동산에 계신 할머니와 함께 산책하면서 규칙적인 생활을 하실 것을 권해드렸습니다. 또 주기적으로 창문을 열어 공기를 환기했더니 병실 공기도 깨끗해졌으며, 어르신들의 얼굴색도 전보다 좋아졌습니다. 설문 조사 이후 저는 면역력에 대해 궁금증이 생겨 KOCW에서 '면역학' 강좌를 들으며 항원 항체 반응에 대해 이해하고 적응 면역의 정의에 대해 알아보았습니다.

1번 수상 경력	2학년/수리탐구력대회/동상(3위)
7번 창체 활동	모자 봉사 활동 3년(72시간)
9번 독서 활동	**동아리 활동** | 생명 토론 자율 동아리('동물의 장기를 이용하는 이종이식이 정당한가?' 주제 토론, 면역학 대학 강의를 듣고 〈이종 장기이식의 현황과 전망〉 논문을 읽으며 반론을 잘함)
	진로 활동 | 주제 탐구 활동으로 '예방접종과 질병의 발생 정도' 설문 조사 실시

자기소개서 2번) 고등학교 재학 기간 중 본인이 의미를 두고 노력했던 교내 활동에서 배우고 느낀 점을 중심으로 3개 이내로 기술해주시기 바랍니다. 단, 교외 활동 중 학교장의 허락을 받고 참여한 활동은 포함됩니다(1,500자 이내).

3년 동안 학교에서 실시하는 모자 봉사단으로 활동하면서 제가 도움이 필요한 아픈 사람을 간호하는 것을 좋아한다는 사실을 깨달았습니다. 간호학과로 진로 탐색을 하던 중 병원에서 근무하는 간호사의 주삿바늘 재사용과 찔림 사고에 따른 감염이 심각하다는 기사를 읽고, 이런 사고를 예방하는 일을 하는 감염 관리 간호사라는 직업을 알게 되었습니다. 그에 따라 자연스레 감염에 관심을 가졌고, 복지 기관에 계신 어르신들이 상대적으로 독감에 더 빨리 걸리고 많이 전염된다는 것도 알게 되었습니다. 이후 인터넷을 통해 감염에 대해 알아본 결과, 감염은 주로 시설 내에서의 관리 부족, 예방법 준수 미흡 때문에 더 잘 일어난다는 것을 알게 되

었습니다. 한때 메르스도 전염병에 대한 인식 부족과 의심 환자들의 안일한 생각으로 더 많이 확산된 것이라고 알고 있었기 때문에, 함께 봉사하는 사람들에게 전염병 예방을 위한 교육을 했으면 좋겠다고 제안해 실제로 교육을 진행하게 되었습니다. 처음에는 사람들의 행동에 효과가 있을까 의구심을 가졌지만, 기관 내 사람들이 기침할 때 입을 소매로 막거나, 주변을 자주 환기하는 모습을 보면서 제 작은 행동이 나비효과처럼 퍼졌다는 생각에 뿌듯함을 느꼈습니다. 이후 교육의 중요성을 인식하고 평소 제가 관심을 가지고 있었던 '면역력의 중요성'을 알리기 위해 학급 게시판에 '면역력을 높이자!'라는 주제로 게시물을 게시하는 캠페인을 실시해 친구들의 인식을 변화시키는 데 기여했습니다.

직업 흥미 검사를 통해 알아본
의학·생명·자연과학 계열별 특징

다음에서 살펴볼 커리어넷(www.career.go.kr) 직업 흥미 검사는 중·고등학생들이 직업과 관련해 자신의 흥미를 파악하고 다양한 직업들 중에서 자신에게 적합한 직업을 탐색하는 데 도움을 주기 위해 개발한 검사다.

커리어넷에 접속해 회원으로 로그인해 실시하거나 비회원으로도 검사가 가능하다. 본인의 성별, 나이를 입력하면 간단하게 검사를 시작할 수 있다. 직업 흥미 검사는 중학교 1학년부터 고등학교 3학년까지의 청소년이 실시할 수 있다. 직업 흥미 검사는 두 가지로 나뉘는데 직업 흥미 검사(K)와 직업 흥미 검사(H)다. 직업 흥미 검사(K)는 15분 정도 소요되며 96개 문항이 나온다. 직업 흥미 검사(H)는 20분 정도 소요되며 중학생은 141개 문항, 고등학생은 130개 문항이다. 두 유형은 모두 문항을 읽고 '아주 좋다', '조금 싫다', '조금 좋다', '아주 좋다'의 선택지를 택하도록 하는 같은 방식을 적용하고 있다.

의학·생명·자연과학 계열 학생은 구체적인 도구를 활용하는 능력이 우수하기에 실재형의 수치가 높다. 또 궁금한 주제에 대해 탐구하면서 이해하려는 성향이 높아서 탐구형의 수치가 좋다. 사회형의 수치가 높으면 남과 더불어 일하는 것을 좋아하는 성향이 높아 다른 사람과 협업해 그 일을 수행하는 데 도움이 된다. 진취형의 수치가 높다면 리더십이 뛰어나 타인을 잘 이끌어가므로 연구소나 의학벤처회사를 만들어 새로운 것을 만드는 것을 즐겨한다. 그리고 관습형의 수치가 높으면 공기업이나 국책연구소에서 안정적으로 일하는 것을 선호하는 경향이 있다.

실재형은 솔직하게 자신의 생각을 이야기하는 편이다. 성실하고 검소하며 무엇이든 시작하면 끈기 있게 한다. 주로 말수가 적고 고집이 센 편으로 직선적이면서 단순하다. 농부, 특용작물재배자, 전자의료기기개발기술자, 증강현실 엔지니어, 태양광 제품 품질관리사, 건축사, 해양건축사, 생산직, 운전자 등의 직업을 선호한다.

탐구형은 매우 논리적이고 분석적이며 합리적인 판단을 내린다. 사물에 대한 지적호기심이 높고, 주로 신중하면서도 비판적이고 내성적인 성격이 많다. 물리적, 생물학적, 문화적 현상의 창조적인 탐구 활동에 흥미를 보인다. 과학자, 생물학자, 물리학자, 지질학자, 모바일 콘텐츠개발자, 약사, 의사, 한의사, 수의사, 지능형 교통시스템 전문가, 공간정보시스템 전문가, 연구원, 대학교수, 환경분석가 등의 직업을 선호한다. 의대를 희망하는 학생 중 탐구형이 높은 학생은 자신의 분야에 대해 깊이 있는 연구를 하는 것을 좋아한다. 그래서 다양한 논문을 내고 창업을 한다.

예술형은 상상력이 풍부하고 감수성이 예민하며, 자유분방하고 개방적이다. 또한 감정이 풍부하고 독창적이며, 개성이 강하고, 직관적이다. 예술가, 무대감독, 디자이너, 카피라이터, 과학신문편집인, 만화가, 컴퓨터 애니메이터 등의 직업을 선호한다. 의대생 중 예술적 능력이 우수한 학생은 음악을 하면서 스트레스를 풀고 음악 활동에도 적극적으로 참여하는 학생도 있다.

사회형은 사람들을 좋아해서 함께 어울리는 것을 즐긴다. 친절하고 이해심이 많으며, 남을 잘 도와준다. 주로 봉사적이며, 감정적이고 이상주의적이다. 사회적이고 교육적인 지도력과 대인관계 능력이 있다. 사회복지가, 교육자, 간호사, 치위생사, 과학교사, 종교지도자, 상담가, 임상치료가, 언어치료사, 사회사업가, 물리치료사, 직업상담가 등의 직업을 선호한다. 요즘은 의대에서 사회성이 높은 사람을 선발하기 위해 인성평가 항목을 만들어 운영하고 있다. 이는 환자를 대상으로 진료할 때 친절한 의사에게 더 많은 사람들이 편안함을 느끼고 또 찾아오고 싶어 하기 때문이다. 이에 따라 의대에서도 사회성을 기를 수 있도록 하고 있다.

진취형은 지배적이고 통솔력과 지도력이 있다. 말을 잘해서 상대방을 잘 설득하고 경쟁적이고 야심적이다. 성격이 외향적이며 열정적이고 긍정적 마인드의 소유자이기도 하다. 기업경영인, 바이오제약 개발자, 바이오에너지 개발자, 벤처가, 연출가, 고위 공무원 등의 직업을 선호한다. 의대생 중 진취형 소유자는 자신이 관심 있는 것을 하는 것에서 그치지 않고 직접 회사를 차려 운영해보는 활동을 많이 한다. 특히 최근에는 의대 출신자들이 바이오 기업을 많이 설립하고 있다.

관습형은 매사에 정확하고 빈틈이 없다. 일을 함에 조심스럽고 세밀하며 계획을 세워서 하는 편이다. 변화를 좋아하지 않으며, 완고하고 책임감이 강하다. 이들은 주로 사무적인 일을 좋아하고 계산이 빨라서 회계 능력이 탁월하다. 기업분석가, 은행원, 세무사, 관세사, 컴퓨터 프로그래머, 감사원, 안전관리사, 농업연구사, 산림연구사, 해양연구사 등의 직업을 선호한다. 의대생 중 관습형의 소유자는 개인 병원을 차리기보다는 시립 병원 등에서 일하면서 안정적으로 일하기를 원하기도 한다.

다음은 의학·생명·자연과학 계열 희망 직군의 흥미유형을 확인해볼 수 있는 결과지다. 온라인 진로컨설팅 업체 '투모라이즈'의 직군 선택에 따른 직업흥미도 검사 결과를 의학·생명·자연과학 계열만 뽑아서 재구성해보았다. 총 응답인원 16,804명 중 2,934명이 의학·생명·자연과학 계열 직업을 선택했고 각 계열별 흥미유형 결과는 다음과 같다.

의료·보건 관련직을 선택한 1,839명 중 약 32퍼센트가 탐구형(I)으로 가장 높고, 관습형(C)이 28퍼센트로 두 번째 분포를 보였다.

생명·식품 관련직을 선택한 415명 중 탐구형(I)이 30퍼센트로 가장 높고, 관습형(C)이 23퍼센트, 그 다음은 실재형(R)이 21퍼센트를 차지했다.

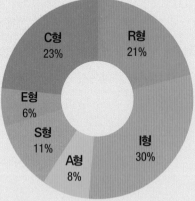

환경 관련직을 선택한 86명 중 관습형(C)이 51퍼센트로 가장 높았고, 탐구형(I)이 23퍼센트로 그 뒤를 이었다.

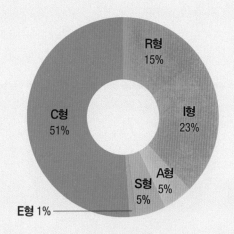

화학 관련직은 264명이 선택했는데 탐구형(I) 38퍼센트, 실재형(R) 25퍼센트, 관습형(C) 19퍼센트의 순으로 나타났다.

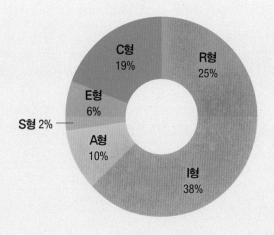

물리·천문 관련직은 330명이 선택했는데 무려 65퍼센트가 실재형 (R)인 것으로 나타났다. 다음으로는 탐구형(I) 14퍼센트, 관습형(C) 12 퍼센트로 결과가 거의 비슷하다.

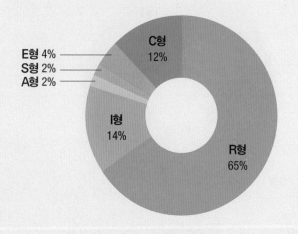

직업 흥미 검사 결과를 종합해보면, 의학·생명·자연과학 계열의 직업을 선택한 학생들의 흥미유형은 각 계열별로 실재형(R), 탐구형(I), 관습형(C)의 유형이 가장 높은 수치를 보였다. 이는 홀랜드 흥미 유형별 이론과 거의 일치함을 보여준다.

의학·생명·자연과학 계열의 진로 진학 직업

초판1쇄 인쇄   2020년 5월 20일
초판1쇄 발행   2020년 6월 8일

지은이   김두용·정유희·안혜숙·정동완

발행인   신상철
편집장   신수경
편집   정혜리 김혜연
디자인   디자인 봄에
마케팅   안영배 신지애
제작   주진만

발행처   (주)서울문화사
등록일   1988년 12월 16일 | 등록번호 제2-484호
주소   서울시 용산구 한강대로 43길 5 (우)04376
편집문의   02-3278-5522
구입문의   02-791-0762
팩시밀리   02-749-4079
이메일   book@seoulmedia.co.kr

ISBN 979-11-6438-034-3 (03370)